圖解台灣
TAIWAN

圖解台灣
TAIWAN

圖解台灣
TAIWAN 06

圖解 **台灣傳統**
生命禮儀

李秀娥◎著

從人之初、轉大人
結婚、拜壽
以至喪殯禮俗文化
的最佳指南

晨星出版

【推薦序】
傳統生命禮儀的寶典

　　生命禮儀或稱生命週期（life cycle），是有關人在一生中不同階段所舉行的禮儀習俗。在一個人生命的發展中，在任何重要的關節都有相關的儀禮行為，不管是原始人或文明人，不論是古代或是現代，每一個民族都有一套聖化的儀式來加強人生命的意義。

　　傳統習俗是個人和群體的生活方式，曾支配過我們老祖宗們生活的全部，也和我們現代人的生活有密切的關係。傳統習俗並不是一成不變，也不是其一時、一人或某一地所創造的，而是經過許許多多人的修飾、不同時代人們的經驗疊積和選擇而成。因此，歷史越悠久文化越豐富的民族，在其傳統生命禮俗的表現上亦是多采多姿。同時，這些習俗在不同時代或不同地方，民間所遵循的亦有所變異。

　　台灣是具有多族群和多文化的地方，但粗略可分為漢文化和原住民的南島文化，即使是漢文化亦是多元性，如閩南、閩北、客家、外省以及近年來因通婚而有新移民的文化，各有差異，幸好在大傳統中相同性多於相異性，並能取得共通的特質。

　　李秀娥女士畢業於國立台灣大學人類學系，接受文化研究的學術訓練，從事台灣傳統文化研究多年，尤其著重在田野調查，紀錄各地重要傳統習俗，著作豐富。尤其是攝影資料的呈現，所言皆有所本，每次看到她拿著相機在人群中或儀式活動中拍攝最難得的鏡頭，非常佩服，令人十分感動。這一本《圖解台灣傳統生命禮儀》，是李女士多年田野資料的累積和具有學術思維的創作，拜讀之後，以野人獻曝的心情，與諸君分享我的心得。

一、生命禮儀架構完整
　　李女士從文獻上來分析生命禮儀的起源，提出古代的五禮，從宗教的觀點說明漢人社會的生命觀，再將生命禮儀從出生、成年、婚嫁、壽誕、死亡、葬禮等一連串禮俗分項敘述，架構完整，具有學術性。

二、圖文並茂的民俗知識寶庫
　　全書文字敘述詳盡細膩，而大量的圖片解釋增強了文字表達，其實圖片的取得非常不易，生命禮俗中有許多神聖性活動，具有私密性和信仰上的禁忌，要取得當事者家屬的同意合作並公開出版，我們都要感謝當事者家屬的無私，提供寶貴的機會，讓社會大眾能夠正確的認知傳統文化。

　　李女士對生命禮儀中的重要關節，不只是說明禮儀本身的內容，也說明其活動過程，除了儀式行為部分，更重視生命禮儀的觀念層次，提供了「為什麼」的答案。所以，本書可視為生命禮儀的知識寶庫。

三、文化資產的保存與維護深具貢獻

　　民國七十一年政府公布《文化資產保存法》，文化資產指具有歷史、文化、藝術、科學等價值，共分七類，其中民俗及有關文物一類，指與國民生活有關之傳統並有特殊文化意義之風俗信仰節慶及相關文物。其中，風俗包括出生、成年、婚嫁、喪葬、飲食、住居、衣飾、漁獵、農事、宗族、習慣等生活方式。本書所論述的生命禮儀就是文資法中的出生、成年、婚嫁、喪葬，所以，生命禮儀是文資法中要保存和維護的項目。我們也看到聯合國教科文組織所推動的世界文化遺產保存中登錄了非洲原住民的成年禮，而台灣的傳統婚禮與喪葬禮儀都具有登錄世界文化遺產的潛力點。李女士之作，將是政府和民間推動世界遺產的基本文化資料，提供文化部門和文化工作者重要參考。

四、學校、家庭必備的生命禮儀研究和操作經典

　　本書具有學術姓，也具有通俗性，可作為大專學校、研究所有關研究傳統文化科目的參考資料。同時，對家庭、家族和一般民眾，以及要了解生命禮儀的操作過程及其活動與意義的朋友們，更是不可或缺的基本讀物。本書具有一讀就通的特性，可作為家庭常備的實用經典。

　　這是一本具有實用性、社教性、文化性的好書，感謝李秀娥女士為我們提供如此有學術價值和實用價值的著作，也希望李女士在不久將來，撰寫更多能增加讀者傳統文化知識和內涵的好書。

阮昌銳

2015 年 3 月 11 日

綿延不墜的禮俗文化

　　回想起十多年前中華民俗藝術基金會與台中晨星公司合作，擘畫出版「台灣民俗藝術」叢書系列，2002 年時外子謝宗榮與我有幸應民俗藝術基金會執行長林明德教授之邀撰稿，後來外子撰寫了《台灣傳統宗教文化》（2003）、《台灣傳統宗教藝術》（2003）；而我則完成《台灣傳統生命禮儀》（2003）、《台灣民俗節慶》（2004）二書的初版，也幸蒙李豐楙教授於百忙之中賜序。

　　隨著光陰荏苒月轉星移，匆匆已過十載春秋，2012 年晨星公司的徐惠雅主編，寄電郵表示市面上極需此書，但公司已無庫存，問我是否考慮再版？但當時因緣不具足，所以延宕下來了。及至 2013 年下半年惠雅主編再次提起改版之事，且她建議修訂改版，好提高印務量與需求。

　　其實，我也是極力贊成應將過去書中的部分疏失更正，或是再補充一些新的生命禮俗資料，以及這些年來我們夫婦隨緣拍攝的新田野調查的圖片。以前在編寫此書的初版挑選配圖時，便深深覺得幼兒部分的圖片取得不易，也曾向兄長反應他女兒滿月時，可否讓我們去拍照？結果疼惜女兒的兄長卻回答要是閃光燈把女兒嚇哭怎麼辦？所以我們連自己家人都被拒絕拍照了。

　　隨著時代趨勢，現代台灣逐漸進入少子化的社會，反而近幾年台北市政府民政局在林安泰古厝推出好幾場的「新生祝福儀典」。有四月日收涎坐桃、周歲抓周（抓週）踏龜的活動，此活動一推出即吸引許多家長踴躍報名參加，我們夫婦後來也有幸獲邀擔任好命人為抓周幼兒祝福說好話，所以我們因此可以親臨此活動，而趁機拍下許多可愛幼兒參與傳統新生祝福儀典的珍貴禮俗畫面。

　　台南市這些年來也非常注重成年禮的生命禮俗活動的推廣，許多學校的老師和家長也會帶領學生或子女報名參加各廟宇籌辦的成年禮，躦過開隆宮狀元亭或七娘媽亭，這些對剛越過成年關卡的新成年者，是一種很特殊的生命成長的記憶。

　　外子宗榮住台南縣的學弟黃基鴻在結婚當天的子時，也依古例舉辦謝天公酬恩典禮與婚禮，也讓我們有緣親臨記錄與拍攝錄影；而宗榮學妹袁瑞雲的訂婚典禮、我同母異父大弟黃詠傳的婚宴、友人羅涼萍遵照古俗豐盛的陪嫁品等，也豐富我們在婚禮的田野資料與圖片影像的累積。

　　至於一般人最忌諱的喪禮，若非經友人介紹通知，或是經過喪家的同意與接納攝影，我們也無法完成喪禮或作功德儀式的田野採集，感謝台北士林吳宅女婿潘德

崇先生及其家屬的同意，兩度讓我們前往採集其父母的喪禮資料，也感謝執行科儀的黃政雄道長的熱心解說；此外，要感謝林清隆道長讓我們前往拍攝其妻喪禮功德，還有台南永康鄭府喪家、台北釋教汀洲達瑞壇朱府喪家同意讓我們在場拍攝田調。遺憾地是 2013 年 11 月 18 日公公仙逝，所以我們夫婦又親逢為至親籌辦喪禮與作功德，因此我又得以補充一些既往所不足的珍貴田調圖片了。

我也要感謝在這些生命禮俗領域裡持續研究貢獻的諸多前輩與專家，沒有他們的鑽研與著作介紹，幫助我瞭解這個充滿溫馨有趣的生命禮俗的深刻意涵與義理。也深深感謝許多人默默地在台灣這塊土地上認真辛勤地生活著，工作著，即使面對西方文化政經的強勢潮流衝擊下，仍然兢兢業業地謹守著台灣傳統的信仰與禮俗文化，且在生活中將這樣珍貴感人的禮俗文化傳承給下一代。

難能可貴的是有些政府機關的首長也領略到傳統禮俗文化的寶貴性，透過諮詢專家學者，而願意推動這些有關的禮俗文化，就如新生兒祝福儀典、集體成年禮俗等的籌辦，在在促成禮俗文化的往下扎根，實功不可沒。

也感謝友人李燦郎豐富且珍貴的民俗圖片的提供。而外子謝宗榮長年來亦師亦友的陪伴一起做民俗田野，幫我拍攝書中所需的大量配圖，甚至教導我如何拍照錄影等技巧，他也是我這些年來在宗教民俗與生命禮俗領域裡，還能持續微薄貢獻的一位大功臣，沒有他的支持、鼓勵與指導，我很難獨力往前走下去。

如今修訂改版在即，將收錄於「圖解台灣」系列書籍，感謝阮昌銳教授答應賜序，感謝晨星公司徐惠雅主編的促成此椿美事，也感謝執行主編胡文青與美編銳點設計、封面設計高一民的熱心協助，讓此書得以精美的面貌印刷出版面世，也讓有心閱讀的讀者可以容易購得此書。真的是集眾人之助，才能完成此書的改版，唯願珍貴的生命禮俗文化可以恆久流傳，讓禮俗文化在眾人的齊心推動下，深刻地融入我們的生命裡與日常的生活中，綿延不墜。

寫於台北內湖耕研居　李秀娥

2014 年歲次甲午・冬至

推薦序　傳統生命禮儀的寶典　阮昌銳　2

作者序　綿延不墜的禮俗文化　李秀娥　6

【圖解立即通】生命禮儀之過關歷程　10

【導言：生命禮儀探源】12　　　　　【生命禮儀祭祀須知】42

台灣漢人傳統生命禮儀的淵源　14　　台灣漢人有關生命禮儀的祭祀用品需知　44
　禮典的編纂與發展　14　　　　　　　從事祭拜行動前應有的基本認知　44
　古代的「五禮」　15　　　　　　　　・祭拜者身分　44
　「禮」與「豊」　16　　　　　　　　・祭拜目的　46
　「禮」的活動　18　　　　　　　　　・祭拜對象　47
　「戒」與「齋」　19　　　　　　　　・祭拜時間　47
　台灣禮制的淵源與消長　22　　　　　・祭拜空間　47
　　　　　　　　　　　　　　　　　　・祭拜物品　48

台灣漢人生命禮儀中的生命觀　30
　生命過程中的轉變與儀式　30　　　　祭祀用品篇　49
　傳統道教的生命觀　31　　　　　　　・祭祀用具　49
　三魂七魄説　33　　　　　　　　　　・供品　51
　生命關卡與流年　36　　　　　　　　・金銀紙　58
　人死後魂魄的依歸　36
　傳統生活指導原則　39

【生命禮儀大觀】 70

生命禮儀的內容 72
　　反映生命過程的禮儀內容 72
出生禮 74
　　生育崇拜傳説之神 74

一　出生前 76
　❶探花欉（梗花欉） 76
　❷栽化換斗 77
　　【栽花換斗大觀】 78
　❸換肚 82
　❹安胎 84
　❺送流蝦（霞） 88
二　出生後 90
　❶三朝、報酒 92
　❷剃髮 93
　❸滿月 94
　❹作四月日 98
　❺作度睟（周歲） 99
　❻掛絭（作契子） 102
　❼拜七娘媽 103
　❽拜床母 105

成年禮 106
　　轉大人的階段 106
一　作十六歲 106
　　【作十六歲大觀】 108
二　十六歲謝天公 111

婚禮 112
　　結婚六禮 112
一　婚前禮 114
　❶説媒、議婚 114
　❷問名、換庚帖 114
　❸訂盟、訂婚
　　（小聘、小訂、大聘、大訂、完聘） 114
　❹送日頭（請期） 121
　❺安床 123
　❻結婚謝天公 124
二　正婚禮 126
　❶親迎 126
　　【新娘陪嫁品大觀】 128
　❷辭祖 130
　❸上轎（上車） 130
　❹出轎（下車） 132
　❺拜堂 132
　❻食圓和食酒婚桌 133
三　婚後禮 136
　❶出廳 136
　❷歸寧（回門） 137
　　【傳統婚禮 V.S. 現代婚禮大觀】 138
四　其他婚俗 142
　❶入贅婚（招贅婚） 142
　❷冥婚 142

壽禮 144

壽比南山的祝福 144

祝壽須知 149

喪禮 150

人生最終的禮儀習俗 150

一 臨終 152

❶ 拼廳搬舖 152

❷ 遮神 153

❸ 過小轎（燒小轎） 154

❹ 奉腳尾飯 156

❺ 哭唅與哭路頭 157

❻ 驚貓（趕貓） 157

❼ 看日與辦理死亡登記 157

二 發喪 158

❶ 報外祖與接外祖 158

❷ 發喪（報白） 158

❸ 門外示喪為鄰居掛紅 159

❹ 分孝服 159

三 治喪 162

❶ 開魂路 162

❷ 魂帛（臨時牌位） 162

❸ 招魂幡（靈頭幡） 163

❹ 喜喪燈（大燈、麻燈） 163

❺ 接板（接棺） 165

❻ 乞水 166

❼ 沐浴 167

❽ 套衫 167

❾ 抽壽 167

❿ 張穿（穿裝老衣服） 167

四 殯禮 168

❶ 辭生 168

❷ 放手尾錢 168

❸ 割鬮 169

❹ 入殮 169

❺ 豎靈（設靈位） 171

❻ 守靈（睏棺腳） 172

❼ 打桶（殯殮停棺） 173

❽ 孝飯 173

【結語】 210

禮儀文化的深層意涵 212
　傳統禮儀影響深遠 212
　生命的過關儀式 212
　信仰的影響力 215

參考書目 216

五　葬禮 174
❶作陰壽 174
❷出殯（移柩、起柴頭、家奠、公奠、封釘、
　旋棺、絞棺、發引、壓棺位、路祭） 174
❸安葬 182
❹火化 185
❺祀后土、點主 186
❻返主 191
❼安靈 191
❽巡山 191
❾完墳 191
六　居喪 192
❶作七 192
❷作旬 194
❸作功德 195
❹作百日 203
❺作對年 204
七　除喪 205
❶除靈 205
❷合爐 205
八　撿骨 206

在人類各民族的文化現象中，從誕生、成年、結婚、生育、以至死亡等階段，都是不同的重要生命階段之變化。而為了區隔並迎接每階段的生命轉變，在不同社會文化的習俗信仰傳承下，就會產生各式各樣的生命禮儀。也就是說，一個人隨著生命狀態、年齡的變化，已達不同的成長階段或成長關口時，在未跨到另一階段前，要先與原先的社會地位與情境暫時隔離開來，並且處於一種中介的狀態；等到經過相關儀式的操作後，便進入生命階段轉移的狀態；直到儀式完成後，才宣告其順利通過此生命階段，正式進入另一個新的階段，並擁有新的社會身分與地位。在這樣的轉變過程中，基本上即包含：隔離（separation）、轉移（transition）及重合（incorporation）等階段。通過了這些儀式，生命也就準備迎接下一個階段。

10

孕婦
待產 / 楊宗祐攝

民間婦女深信若是懷孕後身體較虛弱者怕胎兒不保，往往是本命花欉也生病了，需要特別照顧，所以會請紅頭法師或道士為信眾舉行「探花欉」、「梗花欉」的儀式。倘若婦女順利懷孕，就要小心胎兒的安穩與否，所以得遵守各種傳統禁忌，台灣人相信孕婦在懷孕到生產的這段期間，隨時隨地都有胎神隨身保護，避免因為行事不小心煞到胎神，而傷到胎兒。

滿月嬰兒
滿月 / 楊宗祐攝

孩子滿月時，要準備油飯、雞酒等祭拜神明和祖先，而產婦的娘家則要準備許多嬰兒的衣物來「送頭尾」，包括嬰兒從頭到腳所穿的衣物，有帽子、衣服、鞋襪等，衣服背領還繡有「卍」字紋，並且還要特別準備金鎖片、銀鎖片、長命鎖為嬰兒掛牽，希望小孩將來能夠辟除關煞長命百歲，還有手鐲、腳鐲等飾品給孩子作紀念。此外，還要送來一對蠟燭和紅龜粿。至於嬰兒的父母，則準備油飯、米糕，或是酥餅、湯圓等食物，做為回禮。

出生嬰兒
剛出生嬰兒 / 楊宗祐攝

婦女生產的這一天起，到孩子滿月為止的一個月內，稱為「月內」，即所謂的「作月子」。早期嬰兒夭折的情形頗常發生，所以一個人自出生那一刻起，便正式踏入生命的旅程，必須經歷與遵守各式各樣的禮節與儀式，如三朝、報酒；剃髮等。

作四月日
外家送頭尾 / 謝宗榮攝

當孩子出生滿四個月時，外家會慎重準備豐盛的「頭尾」和紅桃來祝賀，「頭尾」包括送給嬰兒從頭至尾的穿著及身上金銀飾品的裝飾物，嬰兒的父母也要準備相關供品來祭拜與感謝神明和祖先的庇佑，稱為「作四月日」。

【人的一生剪影】

孕婦　　出生嬰兒　滿月嬰兒　　四月嬰兒　　周歲嬰兒〔抓周〕　十六歲男女〔作十六歲〕　二十歲男女

抓周

抓周 / 李秀娥攝

古俗若是生男嬰，家人會在當天於竹篩內放置十二樣東西，如書（主讀書人）、印（主當官）、筆墨（主書畫家）、算盤（主從商）、錢幣（主富貴）、雞腿（主食祿）、豬肉（主食祿）、尺（主從工）、斧（主林業）、蔥（主聰明）、芹菜（主勤勉）、田土（主地主）、稻草（主農業）、秤（主從商）等給孩子抓取，看他喜歡抓哪一樣，以便預測孩子將來長大成人的發展志向，此稱為「抓周」。

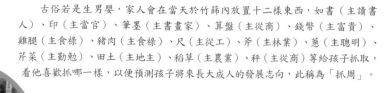

作十六歲

躓狀元亭 / 謝宗榮攝

在傳統社會上，人只要屆滿十六歲，就被視為成年了，故而當孩子受神明庇佑到十六歲時，家長便會帶著孩子準備相關的供品，於七娘媽生時，或是受特別庇佑的神明生時，有的長輩帶子女作為神明的契子女，即拜神明為誼父或誼母（同義父義母）者，如認王爺神、石頭公、榕樹公為誼父，認七娘媽或夫人媽、媽祖、觀音菩薩、石母為誼母，信眾便會在神明神誕日時，到廟宇敬拜感謝神明多年來的庇佑，使孩子平安順利長大成人，舉行「作十六歲」的成年禮。

婚禮

迎娶 / 謝宗榮攝

壽禮

壽誕 / 謝宗榮攝

喪禮

喪燈 / 謝宗榮攝

藉由婚禮的舉行，一對新人從此以另一種社會身分面對親友與社會，所以有特別的婚姻禮儀習俗的產生，其進行的步驟大致有：「婚前禮」、「正婚禮」、「婚後禮」。

但傳統習俗上，五十歲以上才可稱壽，以後每隔十年過一次壽禮，稱為「大生日」。六十歲稱「下壽」或「小壽」，七十歲稱「中壽」，七十七歲稱「喜壽」，八十歲稱「上壽」或「大壽」，八十八歲稱「米壽」，九十歲稱「耆壽」，一百歲稱「期頤」。

在傳統的習俗上，自從出生、成年、到結婚都有不同的生命禮儀來協助人通過這種生命過渡儀式，當然面對生命的終結——死亡狀態，也有一套非常嚴謹的禮儀，來協助死者及其家屬與社會，接受亡者已真的離開人世的事實。喪禮的重要階段，主要可區分為：臨終、發喪、治喪、殯禮、葬禮、居喪、除喪、撿骨等，各個階段都有十分重要的禮儀習俗。

［結婚禮］

壯年

老人
［壽禮］

壽終
［喪禮］

生命禮儀探源

台灣漢人傳統
生命禮儀的淵源
The Origins of Life Etiquette of Taiwanese

禮典的編纂與發展

　　中國是個禮樂和禮治教化甚深的文化國度，根據楊志剛先生在《中國禮儀制度研究》中指出：官修禮典始於漢代，最早見於《漢禮》（一稱《新禮》），但《漢禮》不幸亡佚，西晉接續了這個傳統，裁成「國典」，名為《晉禮》或《新禮》。南北朝發展了官修禮典的傳統，而現存最早的國家禮典是唐代的《開元禮》。留存至今重要的「國典」，還有宋代的《太常因革禮》、《政和五禮新儀》、《明集禮》、《清通禮》等。[1] 這些國家禮典相當程度地反映了不

大唐《開元禮》中規定四方蕃主朝見
天子時需服其國服 / 改繪

同朝代國家權威性的頒布禮制，使君臣百姓得以遵循的禮教規範與準則。

　　國家除了重要的官修禮典外，也有許多民間禮書的編訂問世，特別是宋代以後，隨著民間禮教的越加強化，湧現了大量的「家禮」、「鄉禮」類著述，其中較重要的如北宋司馬光的《書儀》、南宋朱熹的《家禮》、明代黃佐的《泰泉鄉禮》等。這些由士大夫個人擬定的儀制和日常行為規範，或補充了國家禮制的不足，或將國家禮制的部分內容通俗化、普及化，使之更易於為民眾所接受，也更易於操作，後來為

明萬曆年間《程朱闕里志》朱熹像 / 改繪

國家禮制所吸納，導致《家禮》部分的內容由民間的禮典地位提升為國家禮典的地位。[2]

古代的「五禮」

中國古代即盛行「五禮」的禮儀制度，在《周禮・春官・大宗伯》中已提及「吉禮」、「嘉禮」、「賓禮」、「軍禮」和「凶禮」這五禮。但是按照五禮來撰述禮儀制度的則始於西晉。[3] 其中的「吉禮」是與祭祀天地、日月、星辰、山川、風雨、雷電有關的部分，而「嘉禮」則指婚禮、冠禮等部分，「賓禮」則是指宴請賓客的禮儀，「軍禮」則指行軍作戰的禮儀，「凶禮」則指喪禮規制，所以這五禮與傳統漢人的生命禮儀有非常密切的淵源，尤其是「嘉禮」和「凶禮」這兩部分，但是在生命禮儀中，若所祈求的涉及天地神祇時，則又與「吉禮」脫離不了干係。

《增訂家禮大成》／李秀娥攝

中國古代盛行「五禮」中的「賓禮」迎賓／改繪

「禮」與「豐」

東漢許慎《說文解字》中曾對「禮」字作如下的解釋：

金文「禮」字是「豐」加上「示」字旁

強調祭祀活動

第一卷第一篇注上示部

禮，履也。
所以事神致福也。
从示从豐。
豐亦聲。

鼓具是古代祭儀當中很重要的禮器 / 改繪

表示「禮」是一種可以實踐和履行的禮儀，也是人們誠謹篤實向鬼神祭祀祝禱，以期獲得鬼神特別賜福的宗教性祈願之行為。而「豐」則為舉行敬神致福之禮儀的重要禮器。所祝禱之祈願，可分為世俗性的願望和神聖性的願望，前者如祈求神靈特別賜予添丁發財、財源廣進、事業興隆、身體康泰、闔家平安等，此乃一般尋常百姓所普遍祈許的願望；後者則祈願獲得人生修行境界的提昇，以及獲取生命智慧，此乃行於人生正道者所祈許的神聖性願望。

甲骨文的「禮」寫成「豐」

意思是以「擊鼓獻玉」的方式崇敬神靈

「豐」加上有腳架的鼓具

「玨」有整串打結繩的玉

但「豐」字演變到「豐豆」字時，玉和鼓的象形不見了，轉變成為「曲」和「豆」。

甲骨文「豐」是「禮」的本字

豐，行禮之器也。

從豆象形。

凡豐之屬皆從豐。

讀與禮同。

第九卷第五篇注上豆部

新娘的婚嫁飾品「春仔花」／陳美芳攝

結婚合照／謝宗榮攝

「禮」的活動

　　「禮」是中國自古以來傳衍相當悠遠的文化現象，楊志剛先生曾指出：「禮，是以禮治為核心，由禮儀、禮制、禮器、禮樂、禮教、禮學等諸方面的內容融會而成的一個文化叢體。禮儀不過是禮的一個部分、一個方面——當然是一個很重要的部分、很重要的方面。而且，只有能夠體現禮的精神和本質的禮儀，才能成為這樣的一個部分、一個方面，否則就僅是那種一般的、世界各民族都擁有的禮儀（禮儀或儀式活動，英語為 rites）。[5]

躦狀元亭／謝宗榮攝

　　法國著名的漢學家汪德邁（lion Vandermeersch）也曾精闢的指出「禮」與「禮儀」的關係：「禮治是治理社會的一種很特別的方法。除了中國以外，從來沒有其他的國家使用過類似禮治的辦法來調整社會關係，從而維持社會秩序。這並非說禮儀這種現象是中國獨有的——此現象是很普遍的，任何文化都具有的——中國傳統中各種各樣的禮儀被組織的異常嚴密完整，而成為社會活動中人與人關係的

規範系統。」[6] 誠如楊志剛先生強調禮具有下列四項基本屬性：1. 規範和準則；2. 修養和文明的象徵；3. 社會控制的手段；4. 秩序。[7] 所以「禮」作為人民的行為規範與準則，可以帶來整個社會國家的安定與和諧的秩序，這是非常重要的生活禮節。

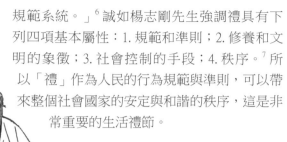

梁武帝親自寫了一篇「斷酒肉文」，闡明佛經齋戒 / 改繪

「戒」與「齋」

《禮記‧祭統》曾記載：「夫祭者，非物自外而至者也，自中出生于心者也。心憂而奉之以禮。」這是指當我們面對神靈時，要有發自內心的恭敬心，以致誠惶誠恐，只怕侮慢了祂們，連不語怪力亂神的孔老夫子，也強調我們應該「祭如在，祭神如神在。」[8]

祀神的恭謹誠篤之心，化為外在一連串的齋戒沐浴修心之儀禮，《禮記‧曲禮》言：「齊（齋）戒以告鬼神」，有以整齊肅靜之身心以告鬼神之意。《後漢書‧禮儀志》載：「凡齋，天地七日，宗廟山川五日，小祠三日。」[9] 表示敬偉大的天地之神時，需齋戒七日；敬宗廟山川之神，需齋戒五日；敬一般小祠之神，則需齋戒三日。

《明史‧禮志一》收錄有明代洪武二年時，學士朱升等奉敕撰寫齋戒文，曾云：「戒者，禁止其外；齋者，整齊其內。沐浴更衣，出宿外舍，不飲酒，不茹葷，不問疾，不吊喪，不聽樂，不理刑名，此則戒也。專一其心，嚴畏謹慎，苟

十二齋碗 / 李秀娥攝

後來從金文「齋」到篆文「齋」，也可看見部首「屮」和「鬥」
不同手勢的演變。

甲骨文「戈」字當中可以很明顯看見有雙手
握持干戈，非常警覺的戒備。

《說文解字》解釋
「戒」字：「警也。
从廾持戈，
以戒不虞。」

第三卷第三十六篇注上戈部

20

有所思，即思所祭之神，如在其上，如在其左右，精白一誠，無須臾間，此則齋也。」[10] 清楚指出「齋戒」之意，「齋」是指內心的肅穆恭謹敬神之心，而「戒」是外在形式的誠篤敬神，如沐浴更衣以潔其外表，加以葷酒不沾，全然茹素，這也是運用飲食上的慈悲不殺生，以達到身心靈內外一片澄明舒朗的祀神境界。

《說文解字》解釋
「齋」字：「齋，
戒潔也。」

第一卷第六篇注上示部

字從「示」旁，將內在的靜穆之心，
化為外在一連串的齋戒沐浴修心的儀式，
以告敬天地神祇。

後來衍伸而成七日戒、三日齋等禮敬形式。

十二齋碗／李秀娥攝

台北孔廟大成殿／謝宗榮攝

台灣禮制的淵源與消長

　　而在清康熙 35 年（1696）高拱乾纂修《台灣府志》〈卷六典秩志・文廟・釋奠儀注〉中也記載著對文廟師聖祭祀的禮儀：

　　　　釋，置也．謂但置牲幣、設饌、奏樂以奠，無尸、無飲食、酬酢等儀．以其主於行禮，非報功也。

　　　　一、齋戒　丁前三日，致齋；不飲酒，不茹蔥、蒜、韭、薤，不問病，不弔喪，不聽音樂，不理刑名，不與妻妾同處。丁前一日，沐浴更衣；宿祭所，惟理祀事。

　　　　一、省牲（牛、羊、豕、鹿、兔）　正祭前一日，辦祭官備樂導送祝文、祭品至學。詣明倫堂，演樂、習儀畢，禮生送祝文，獻官盥手親填職名，遂省牲。執事者，設香案於宰牲堂外，引贊引獻官公服至；唱：『就位』。唱：『上香』。唱：『揖』。獻官揖已，執事者牽各牲於香案前過，視皆純色肥大，無有傷殘疾缺。唱：『揖』。唱：『平身』。唱：『禮畢』（遂宰之，取毛血少許

盛盤中，執事者捧毛血升自東階，正祀由中門入、
配哲各由左右門入、兩廡隨左右安置各位下。其
餘毛血藏淨器中，俟祭日瘞之）。

　　凡春秋二、八月上丁日四鼓，先祭啟聖祠；
五鼓，致祭文廟。[11]

　　由此可見清初的台灣，也延續中國的傳統禮制，在祭祀文廟孔
孟聖賢的禮儀之慎重，先行沐浴更衣的身心齋戒、禮樂的伴奏行儀，
至牲禮、祭器的完備，無不考究。即至今日的 21 世紀，各地文廟每
年仍由地方首長代表邀約仕紳貴賓，由佾生跳著佾舞（究竟應跳八
佾舞或六佾舞則有爭論），觀賞著莊嚴肅穆的祭孔大典。

　　而在台灣漢人的婚喪禮俗方面亦有其悠久的淵源，此見於清代
康熙 59 年（1720）王禮主修，陳文達編纂《台灣縣志》〈輿地志一
・風俗〉：

　　海外之區，風尚習俗，三邑約略相等。鳳、諸二志，載之詳矣。
然二邑地廣，番漢雜處；邑治窄狹，惟漢人居之。通都大邑之中，
其風醇、其俗雅，彬彬然一衣冠文物之邦；較之僻野孤村，不無懸殊。
姑撮其大概而紀之。

台北孔廟祭孔釋奠典禮／謝宗榮攝

　　婚姻之禮，重門戶、不重財帛，古也。台之婚姻，先議聘儀，大率以上、中、下禮為準：其上者無論；即下者，亦至三十餘金、綢綾疋數不等，少者亦以六疋為差。送日之儀（送親迎之吉期也，俗云乞日）。非十四、五金不可。在富豪之家，從俗無難；貧窮之子，其何以堪？故有年四旬餘而未授室者，大抵皆由於此也。若夫女家既受人厚聘，納幣之日，答禮必極其豐；遣嫁之時，粧奩必極其整。華奢相尚，每以居人後為恥。

　　至於親迎，無論貴賤，乘輿結彩，鼓樂張燈，親友騎牛乘馬，花炮之聲，沿途

新娘陪嫁品／謝宗榮攝

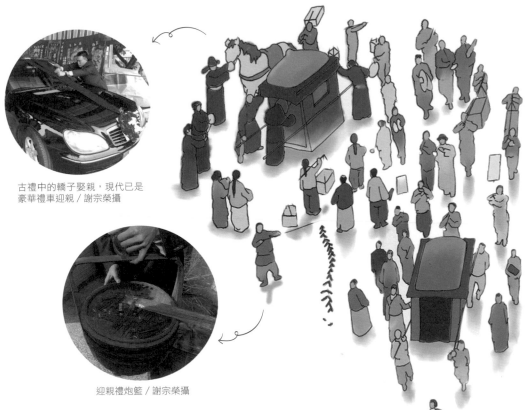

古禮中的轎子娶親，現代已是
豪華禮車迎親 / 謝宗榮攝

迎親禮炮籃 / 謝宗榮攝

不絕。婿到女門，駐轎庭中，妻弟出揖，三致食物；婿飲
於轎中，各具儀答之。從者捧鴈置几上，新婦出堂，先拜
祖先、次拜父母；紫姑致鴈新婦，婦外向三拱，轉致於婿
家。父母以帕蓋其首，升轎同行。二日，父母遣人賚湯餅餉
房；三日、廟見；七日旋馬，乃執婦事。是之謂婚姻之俗。

　　邇年來邑內紳衿，亦有稍變舊俗者，議婚不以財，親迎
必登堂奠鴈，於禮近矣。而華靡之習未改。蓋積弊既深，
難以驟復；由儉入奢易，由奢入儉
難，其此之謂？斁習之所宜亟
變也。移風易俗之權，是在
良有司加之意焉！

迎娶新娘 / 謝宗榮攝

喪

滿七文頭山和筆架／謝宗榮攝

為亡者在公廳早晚奉孝飯／謝宗榮攝

道教的靈位／謝宗榮攝

夫禮有吉，必有凶。
父母終，散髮跣而哭；置床，
遷尸梳洗，殮以新服，扶坐
堂中哭祭，曰辭生。蓋謂音
容永隔，後此不可復睹也。
親朋畢至慰問，曰問喪；問
其喪事俱備也。具訃柬聞於親友，
擇吉成服，朝夕奠哭無時；二旬，女婿致祭；
親友祭，不拘時。除靈之後，分胙謝弔。期年後數月，
隨擇吉日，為大祥之祭；實未及大祥之期也。三年之內，
遇朔望，朝夕哭；除服乃止。俗多信佛，延僧道，設齋
供，誦經數日，弄鐃破地獄，云為死者作福。卒哭後，
葬有期，開堂三日，親友行弔禮；至期，扶柩登車，
結綵亭、張鼓樂，童子執旛鳴鐃，親朋素服送於
道左，姻門則行路祭之禮。葬畢，迎主而歸，
謂之反主；親朋仍素服拜迎，陪行至家，更吉
服入拜，亦有辭而不受者。三日，備牲醴到墳
謝土，俗云福三。此之謂喪葬之
俗。

祭者，所以追遠報本也。台鮮聚族，鳩金建祠宇，凡同姓等皆與，不必其同枝共派也。祭於春仲、秋仲之二望，又有祭於冬至者。祭則張燈、結綵、作樂、團飲祠中，盡日而散。常人祭於家則不然：忌辰、生辰有祭，元宵有祭，清明、中元有祭，除夕有祭，端午則薦角黍，冬至則薦米圓而已。此之謂祭祀之俗。

按喪禮，既殯，或七日、或三日，成服；百日卒哭，除靈。今除於七七之後，已非禮矣。而又以成服之日為初旬，未及末旬而先除，名為七旬，而實不滿四十日，此不可解者也。最可異者：大祥未屆，而於前之數月，先作大祥之祭：食稻衣錦，恬然安之？嗚呼！三年之喪，天下通喪：是可忍也！孰不可忍也？雖詩禮之家，未必盡然，然而合於禮者十一、二，悖於禮者十之八、九，所當亟為轉移者也。至於破地獄弄鏡，則又不可解之甚者。夫地獄之說，理之所無者也。縱曰有之，豈一僧道可以解脫乎？世間多少破地獄之人，試問安有許多地獄，足以供僧道之破乎？若夫弄鏡，謂俾死者快活；殊不知非為死者之快活，直為生者作戲場耳！何其弗思之甚也！惟營葬一節，內郡之人見窘陰陽家，歲月遷延，十室而九。臺俗柩無久停，此風足以為法。
12

　　即使上述由文官所編修的清康熙年間台俗之婚喪禮俗中，說到當時台灣漢人婚俗重聘金聘禮之事，這對富豪之家沒有問題，但對於窮困人家，則很可能因此無力負擔而無法成親，後來奢侈誇富之風稍有改善，較符合禮儀了。

　　至於清代喪葬禮俗方面，亦可見到遵循傳統禮制的部份，但當時民間已有較簡約的便宜行事，作七、作旬沒有照原先的滿七七四十九天，或每十天一旬，而會提前做完，且有三年大祥之期，未滿三年已經除服，簡化守喪之期的情形，導致文官感嘆風俗之變異，對照於台灣現代工商社會之喪葬禮俗，喪期更行簡化，有兩三天就作一個七，甚至有出殯當天即除靈之便利措施，也不得不讓人感嘆傳統禮俗之失矣。

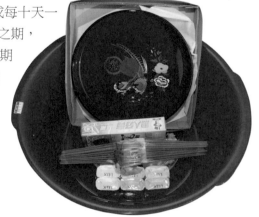

新娘陪嫁品茶盤衣架牙膏／謝宗榮攝

本章註解
Chapter Notes

1 楊志剛，2000，《中國禮儀制度研究》，上海：華東師範大學出版社，頁 23。

2 同註 1，頁 23。

3 同註 1，頁 23-24。

4 見東漢許慎著，清段玉裁注，1984，《圈點段注說文解字》，台北：南嶽出版社，頁 2、頁 210。

5 同註 1，頁 21。

6 同註 1，頁 22。

7 同註 1，頁 20。

8 同註 1，頁 255。

9 同註 1，頁 255。

10 同註 1，頁 255。

11 參見中央研究院漢籍電子文獻：清代台灣方志六五高拱乾纂修《台灣府志》〈卷六典秩志 · 文廟 · 釋奠儀注〉，頁 174-175。

12 中央研究院漢籍電子文獻：清代康熙 59 年（1720）王禮主修，陳文達編纂台灣方志一〇三《台灣 縣志》〈輿地志一 · 風俗〉，頁 54-56。

台灣漢人
生命禮儀中的生命觀

The Life View of Life Etiquette of Taiwanese

生命過程中的轉變與儀式

　　在人類各民族的文化現象中，一般都非常重視社會成員的生命歷程：從誕生、成年、結婚、生育、以至死亡等階段，都是不同的重要生命階段之變化。而為了區隔前一個生命階段的結束，並迎接下一個生命階段的來臨，在不同社會文化的習俗信仰傳承下，就會產生各式各樣的生命禮儀。

　　人類個體從出生到死亡，在每個不同階段當中，其社會身分和地位的轉換，可說是通過重要的生命關口，凡此都需經由該文化所認同許可的信仰儀式之舉行，來幫助當事者與其相關的親友、社會成員

婚禮中的一對新人 / 謝宗榮攝

頭戴虎帽的可愛小女孩與父母合影 / 李秀娥攝

員等的接納與瞭解，這就是法籍荷裔人類學者 Arnold van Gennep 所說的「通過禮儀」（rites de passage）[1]，後來 Chapple and Coon 又提出「加強儀式」（rites of intensification）[2] 加以補充說明。

這些理論說明了儀式的三個基本階段：隔離（separation）、轉移（transition）及重合（incorporation），意思是說凡是某個社會成員之當事者，隨著其生命狀態、年齡的變化，已達不同的成長階段或成長關口時，在未跨到另一階段前，要先與原先的社會地位與情境暫時隔離開來，並且處於一種中介的狀態；等到經過相關儀式的操作後，便進入生命階段轉移的狀態；直到儀式完成後，才宣告其順利通過此生命階段，正式進入另一個新的階段，並擁有新的社會身分與地位。

傳統道教的生命觀

傳統道教對生命中具有太極陰陽之理，重視調養精氣神三元，以及身體有三魂七魄的看法，相當特別，對大眾影響甚深，李叔還先生在《道教大辭典》中曾說明：人為「三太」之一，所謂「三太」即「蓋太極分形，天地各具太極之理，人受天地之氣以生，則人亦一太極也，故天、地、人是為三太。」[3] 也就是說太極陰陽分形，產

32

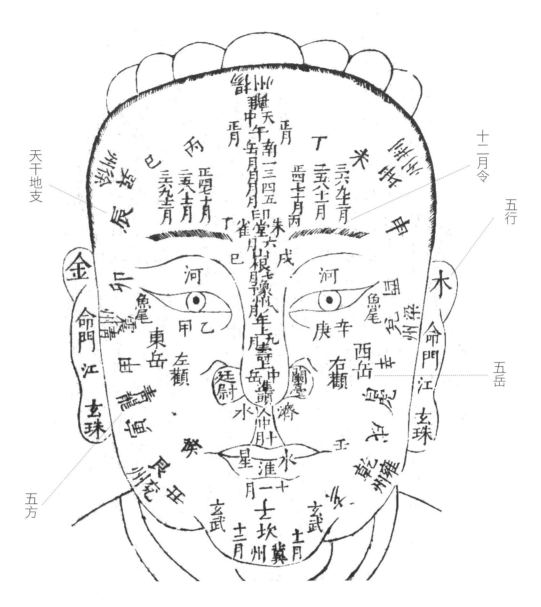

道家以調養精、氣、神三元之氣為養生觀／
引自《月令廣義》

生天、地之別，此具有太極之道；而人秉受天地太極之氣，人身也
是一個太極，所以天、地、人三者稱之為三太。

　　道家擁有一套悠久的養生觀，即調養精、氣、神三元之氣，相當
重視呼吸吐納的功法，讓形神合一用以養生修練。而所謂「三元」即：

「人身之元精、元氣、元神為三元。《性命圭旨》精、氣、神謂之三元，三元合一，丹成也。」[4]元精為丹鼎中神靈真精天地之氣，元氣為天地未分前，太極渾沌之氣，元神為不生不滅，無朽無壞的真靈，也是人之靈魂，人若能將「精、氣、神」三者合而為一，所煉內丹也會成功。此外在道教「天、地、水」也稱「三元」、「三官」，表天地水三界。

三魂七魄說

道教常說人身有三魂七魄，三魂七魄若不穩定，則人魂魄不安容易招惹邪氣產生疾病，甚至死亡。而中國早在春秋戰國時期起已有魂魄的觀念，直到魏晉時期才細分出三魂七魄。所謂三魂即指：胎光、爽靈和幽精，此見於宋代張君房選輯的道教類書《雲笈七籤

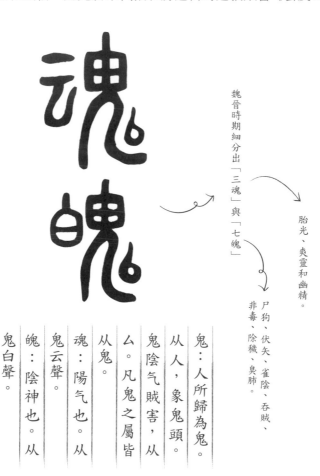

魏晉時期細分出「三魂」與「七魄」

胎光、爽靈和幽精。

尸狗、伏矢、雀陰、吞賊、非毒、除穢、臭肺。

鬼：人所歸為鬼。
從人，象鬼頭。
鬼陰气賊害，從厶。凡鬼之屬皆從鬼。
魂：陽气也。從鬼云聲。
魄：陰神也。從鬼白聲。

第一卷第一篇注上示部

・魂神・說魂魄》（卷之五十四）》的記載：「夫人身有三魂：一名胎光，太清陽和之氣也。一名爽靈，陰氣之變也。一名幽精，陰氣之雜也。若陰氣制陽，則人心不清淨，陰雜之氣，則人心昏暗。」[5] 此段大意是說人的身上擁有三魂：胎光、爽靈和幽精。胎光屬於太清陽和之氣，令人清淨寡欲可得長生之性；而爽靈、幽精則屬凡俗的慾望變化與妄想雜念等陰氣之性。倘若身中陰氣勝過陽氣，則表慾望過盛，令自心不夠澄淨，而陰雜之氣太盛，會使人心受到諸多慾望雜念的牽絆，導致自性昏沈晦暗，違離清修之境。所以在傳統道教的觀念中，身魂中所具的陽氣的屬性會上揚，對人性的修練是屬於良好的境界，身魂中所具的陰氣的屬性會下沈，對人性的修練則屬不好的境界。

而東晉葛洪的《抱朴子・地真》（內篇卷十八）談到：「師言欲長生，當勤服大藥；欲得通神，當金水分形，形分則自見其身中之三魂七魄，而天靈地祇，皆可接見，山川之神，皆可使役也。」[6] 意思是說師長教導弟子人若希望獲得長生，必須勤快的服用丹藥，想要修練到可以通神的境界，則要將天和地作用在人的身上所產生的金和水等五行分別開來，道家則強調以呼吸吐納修練神炁來集聚金水，若能修練到身中金水分形，則能靈顯通神，明瞭身中三魂七魄的奧秘，而天上的神靈與地祇，也可感應顯現，山川大地的神靈，也可供其駕馭使喚了。

又《雲笈七籤・魂神・說魂魄》（卷之五十四）也記載著：「三魂者：第一魂胎光，屬之於天，常欲得人清淨，欲與生人延益壽，筭絕穢亂之想，久居人其中，則生道備矣；第二魂爽靈，屬之於五行，常欲人機謀萬物，搖役百神，多生禍福災衰刑害之事；第三魂幽精，屬之於地，常欲人好色嗜慾，穢亂昏暗，酖著睡眠。」[7] 所以胎光屬天，有助於人的清靜修練與延壽長生之道；爽靈屬五行，會使人貪圖萬物，想要駕馭身中或外界所擁有的眾神，因此常會生出禍害災殃與刑獄之事；而幽精屬地，使人喜好色欲生出淫亂之事。所以人要常常守住三魂的形神修練，勿使其產生禍害不利之事。

所謂七魄，在《雲笈七籤・魂神・制七魄法》（卷之五十四）指出：「其第一魄名尸狗，其第二魄名伏矢，其第三魄名雀陰，其第四魄名吞賊，其第五魄名非毒，其第六魄名除穢，其第七魄名臭肺，此皆七魄之名也，身中之濁鬼。[8] 在傳統觀念中，三魂七魄中的魂屬陽，魄屬陰，所以人在生命結束後，魂歸於天，魄藏於地。

　　而台灣漢人對於生命現象的認知，大致上是：身體是個小宇宙，天地是個大宇宙，陰陽二氣相生相循，綿綿不斷。宇是上下四方，宙是古往今來，如能調練身體的小宇宙與天地大宇宙交相滲融，就能體驗到自己渺小的生命與宇宙的大生命合而為一，亦即古代聖賢所謂「民胞物與」、「天人合一」的最高修練境界。

天地是大宇宙，宇是上下四方，宙是古往今來 / 引自
《月令廣義》山海輿地全圖）

生命關卡與流年

我們人類會受到祖先、天地神明的庇佑，也有可能沖煞外陰而受到侵擾，造成身體不適，二者息息相關。自出生、成人、結婚、做壽、到死亡，每一個重大的生命過程，皆有相關的通過儀式，是否可以通過疾病、意外災害的考驗，而順利度過每一個生命的關卡，則有賴神明、祖先的庇佑，來化解災厄。

男性對應於靈界屬於一株本命樹欉（例如：松樹、柏樹、杉樹……等），女性對應於靈界亦屬一株本命花欉（例如：蓮花、牡丹花、菊花、梅花……等），若是生命靈樹不健康，佈滿蜘蛛絲或是沾滿塵土，或是傾斜不正，皆可透過祈請慈悲的神靈加以特別庇佑與關照，那時掌管本命花園的花公花婆及顧花童子皆代為修剪樹枝花朵，好讓當事者可以活得更茁壯，展現更堅強旺盛的生命力來。

每個人在靈界另有一間元辰屋，神桌上有一對元辰燈，象徵生命的活力元辰煥彩與否；供桌上擺著一本生命流年簿，記載著當事者一生的重要流年與記事，屋後廚房則堆積著柴火，堆得高象徵財運旺盛，食糧不缺；若是柴堆太低，則可以祈請神明慈悲加添財運。

人死後魂魄的依歸

儒家認為人到死亡時則魂歸於天，魄歸於地，回到祖先的行列中。道教則有得道者位列仙班之說，又分上品仙（天仙）、中品仙（地仙）、下品仙（屍解仙）；晚期受佛教影響以為未得道者會受地獄閻王的審判。佛教則有六道輪迴（天人、阿修羅、人道、地獄道、餓鬼道、畜生道）之說。

民間信仰中深信，人死亡後的三魂，一條歸神主牌，一條歸墓地，一條則歸地獄接受審判或是去投胎，相信人死後有閻王地獄審判之說，此種俗信對大眾的影響非常深遠。地獄為印度古代輪迴信仰中，專司人死後審判的幽冥界。地獄的觀念在佛教傳入中國之後，逐漸為漢人所普遍接受。原為佛教中地獄之主的閻羅王，亦逐漸本土化，掌管地府，職司獎懲，共有十殿。據《玉歷鈔傳》、《閻王經》合載：一殿秦廣王、二殿楚江王、三殿宋帝王、四殿五官王、五殿閻羅王、六殿卞城王、七殿泰山王、八殿都市王、九殿平等王、十殿轉輪王等。在超渡法會時，常掛於壇場兩旁，用以象徵人死後所須面對的閻王之審判。

早期的庄頭庄尾有大樹公守護，至今仍有許多地方的家長，會讓小孩子認拜大樹公，成為其契子的習俗。圖為南投市和興宮榕樹公／謝宗榮攝

第十殿轉輪聖王 / 李秀娥攝

　　十殿中一殿專司人間夭壽生死，統管幽冥吉凶，決定受審之人超生或發獄；二殿司掌活大地獄，凡傷人身體、姦盜殺生者發入此獄；三殿宋帝王，司掌黑繩大地獄，凡忤逆尊長、教唆興訟者發入此獄；四殿五官王，司掌和大地獄，凡抗糧賴租、交易欺詐者發入此獄；五殿閻羅王，本居第一殿，因帝憐其屈死，屢放還陽伸雪，降調此殿，

火坑地獄 / 李秀娥攝

司掌叫喚大地獄，凡世上本家因罪遭殃者發入此殿；六殿卞城王，司掌大叫喚大地獄，凡怨天尤地、對北溺便涕泣者發入此獄；七殿泰山王，司掌熱惱地獄，凡取骸合藥、離人至戚者發入此獄；[9] 八殿都市王，司掌大熱惱大地獄，凡在世不孝、使父母翁姑愁悶煩惱者發入此獄；九殿平等王，司掌酆都城鐵網阿鼻地獄，凡殺人放火、斬絞正法者發入此獄；十殿轉輪王，專司各殿解到鬼魂，分別善惡、核定等級後，發四大部洲投生，凡發往投生者，先令喝下孟婆湯，使之忘卻前生之事。[10]

傳統生活指導原則

至於生存於現實人生中的漢人，大多數人所追尋的傳統生活原則大致如下：

（一）受儒家「三綱五常」的影響，強調「父子有親、君臣有義、夫婦有別、長幼有序、朋友有信」的倫理道德。

（二）幸福的追求，傳統的漢人往往努力追求「福、祿、壽」（財、子、壽）的願望，或「五福臨門」（壽、富、康寧、攸好德、考終命）的幸福完滿的生活境界。

（三）強調「以社會民」的生活宗教哲學，對社廟虔誠的祭祀與崇奉，成為社廟神明的義子女，或弟子信女，義務為社廟的相關廟務服務。

彰化社頭清水巖前殿屋脊之福祿壽三仙／謝宗榮攝

（四）遵循傳統信仰禮俗文化的傳承，與生活息息相關。

所以，漢人對生命的看法：天地萬物由陰陽二氣合和而生，相生相循，人身體之陰陽二氣和諧均衡，則人不生百病，但是人之先天元靈是陽氣勝於陰氣，道家修練之人則強調要去陰還陽，而一般人身體擁有三魂七魄，魂魄安穩，則神形自然，合乎健康之道，若魂魄不安，神形亦不安，容易招惹邪祟，導致

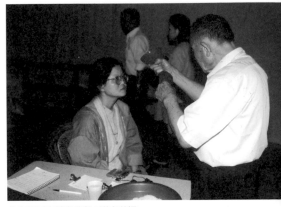

台南蘇厝真護宮收驚／謝宗榮攝

運途不順或是身體疾病，往往需透過傳統宗教人員，像道長、法師、乩童、先生媽等執行安頓神形的儀式，如收驚、收魂、驅邪、祭改（祭解）等，以使人身心獲得安頓，信眾也因此更加肯定神靈慈悲護佑的美意，誠心為神靈之信仰與宣道服務奉獻，使得傳統禮俗文化綿延不絕。

南鯤鯓代天府王爺乩身作法中／吳漢恩攝

本章註解
Chapter Notes

1 芮逸夫，1989《雲五社會科學大辭典 —— 第十冊人類學》，台北：台灣商務印書館，頁 107。

2 同註 1，頁 121。

3 李叔還，1992[1979]，《道教大辭典》，台北：巨流圖書公司，頁 9。

4 同註 3，頁 9。

5 宋代張君房選輯，文山遯叟蕭天石主編，1979，《雲笈七籤》（四部叢刊 · 正編），台北：台灣商務印書館，頁 108。感謝友人張超然提供此段引文的修正與補充，以及提供魂魄觀始自春秋戰國，三魂十魄細分始自魏晉。

6 同註 5，頁 560。

7 同註 5，頁 560-561。也見馬昌儀，1999，《中國靈魂信仰》，台北：雲龍出版社，頁 203-204。

8 同註 5，頁 563。

9 此段意即第六殿為卞城王所掌理的大叫喚地獄，凡是怨天尤地，或是對北方帝王尊貴之方位，哭泣便溺者，表示大不敬，死後便會發配到此殿受審。七殿是由泰山王所掌理的熱惱地獄，凡是生前取人的骨骸去配藥，或是使人分離受極大淒楚者，死後皆發配至此殿受審。

10 呂宗力、欒保群，1991，《中國民間諸神（上、下）》，台北：台灣學生書局，頁 581-582。

生命禮儀祭祀須知

鋤童箕童

鋤童箕童

台灣漢人有關
生命禮儀的祭祀用品需知

The Oblation Must-know of Life Etiquette of Taiwanese

從事祭拜行動前應有的基本認知

在台灣傳統的漢人民俗信仰中,由於各項祭拜的禮俗非常複雜,會隨著人、事、時、地、物等因素的不同而有所差異;為因應相關生命禮儀的祭拜活動,有一些事項與原則便需加以注意:

台南開隆宮作十六歲躦狀元亭 / 謝宗榮攝

· 祭拜者身分

一般的祭拜活動中,不論男女老少的性別、年齡與職業狀況,皆可擔任祭拜者,然而在實際的生命禮儀祭祀活動中,仍有一些禁忌必須注意。例如:家中有喪事者,在未正式解除喪事的不潔淨前(通常為一年),最好不要進入神聖的寺廟參與祭拜活動或觸摸廟中的法器、祭祀用具等,以免將帶喪的嚴重不祥不淨之氣污染了供

謝宗榮道長跪拜玉皇上帝／李秀娥攝

眾人祭拜的廟堂。此外，有月事的婦女、坐月子期的產婦，最好不要到供奉男性神的廟宇中走動，因為月事的經血或坐月子期間的產血，在傳統信仰習俗中皆被視為嚴重不潔之物，有污穢之氣，怕會污染神聖的殿堂，或對神明不敬。

· 祭拜目的

在複雜的生命禮儀祭拜習俗中，隨著信眾祭拜的目的與對象的不同，會有一套不同的祭祀文物與祭拜行為產生。在祭拜目的方面，大致可區分為：許願消災祈福（如孩子生病向天公或神明許願）、還願叩謝神恩（如順利長大成人或結婚之謝天公禮儀）、驅邪祭改康順（如婦女懷孕時之安胎、生產時之送流蝦、孩子過關煞）等。若是屬於祈福的祭祀目的，則祭祀活動可大可小，儀式進行過程多會透過專業宗教執事人員（如道長、道士、法師、乩童、先生媽、尪姨等）執行相關的法事活動，過程進行也較為祥和吉慶；若屬驅邪祭改的祭祀目的時，儀式過程多需專業執事人員協助處理，儀式過程與肢體動作通常會較為激烈，因為要與危害信眾的鬼魅精怪或陰邪惡煞相搏鬥，得藉神的威力以更高強的法力勸服或收服之。祭拜形式有分集體性祭拜（如開隆宮的成年禮、或喪禮中的家奠和公奠）和個人性祭拜（如家庭中的拜床母、拜七娘媽、個人的祭改等）兩類，祭拜的形式不同，所舉行的祭祀空間與排場也隨之不同。然而不論是何種形式，其祭祀目的大體仍以「趨吉避凶」為前提。

神轎至天公廟行跪拜禮，轎夫要下跪以示對玉皇上帝的尊崇／謝奇峰攝

・祭拜對象

在祭祀活動中，隨著不同的祭拜對象，舉行的祭拜時間，祭拜空間的陳設與祭拜物品等等皆會有所不同。通常會依神祇的神格高低、主從等，而有祭祀層級的不同表現，例如：當敬祀萬神之尊的玉皇上帝（天公）和三官大帝（三界公）時，皆以天界最高神的方式敬奉，態度是敬畏而疏遠的；若屬其他神明，則依中等的尊貴方式敬祀，態度是敬畏但稍微親近的；若是祖先或地基主，則以近於人間長輩的方式敬奉；而若是屬於鬼眾（道教稱「孤魂滯魄」，民間俗稱「好兄弟」），則視之為卑下，以疏遠、打發或是籠絡、討好的方式對待。

・祭拜時間

國人對於生命禮儀的祭祀大事，多著重於吉日吉時舉行，大體為配合趨吉避凶的祭祀目的，而因應不同的祭祀對象也產生一套有關適宜祭拜的時間說，通常專業的宗教執事人員多會根據《通書》，而民眾多根據《農民曆》上所記載的宜忌原則，擇定吉日吉時來行事。但在祭拜時間上，對於越尊貴的天神，採時辰越早的陽時；對於

左為農民曆，右為通書／李秀娥攝

較低下的鬼眾，則在過午或較晚的陰時舉行祭拜活動，例如：祭祀玉皇上帝、三官大帝時，多於一天起始子時（午夜的十一點至一點）；祭拜大多數的神明，多在上午；而拜陰鬼類的好兄弟，則必定在下午午時（中午十一點至一點）過後到傍晚期間。

・祭拜空間

在中國的生命禮儀中，隨著不同的祭拜對象與祭祀目的而有不同的祭拜空間，不論是在固定的寺廟或是一般私人民宅的祭祀，佈置祭祀空間時，原則上皆以神祇神格的尊卑主從，在空間佈置上也展現出其地位的尊卑與高下，例如：祭祀玉皇上帝、三官大帝時，

會特別選在廟埕或中庭向天處，佈置頂桌與下桌（俗稱頂下桌或前後桌），分別敬祀玉皇上帝及其隨從部屬神，然而也有民間的習俗，僅以一張桌子來敬獻尊貴的天公，但桌腳仍會加墊金紙（壽金或刈金），以示尊崇；至於敬祀其他神鬼時，只要佈置一張供桌即可。又敬祀神祇或祖先時，家中正廳多設有神明彩的神位，神明位近於正廳的龍邊（左），祖先位近於正廳的虎邊（右），亦符合龍尊虎卑、左尊右卑的傳統方位觀（金門地區例外，因該地習俗以為祖先神比較重要，故置龍邊），祭祀時供桌亦隨方位不同而陳設。至於供奉較卑下的鬼眾或地基主時，則將供桌設於前後門的門口處或地上即可；而因為二者與人生活親疏遠近

台南開基玉皇宮軟身玉皇上帝神像
／謝奇峰攝

的性質不同，拜眾鬼時向外拜，不希望他們常來打擾，俗稱「拜門口」；拜地基主為《禮記・月令》記載的古代五祀，鄭玄注：「門、戶、中霤、灶、行」之五祀中霤的遺俗，台灣有的又稱地靈公、地靈婆，拜地基主時則向屋內拜，因為他們代表開發居住地的原始地靈，一直與我們人類的居住平安、運途康順有關。

- **祭拜物品**

　　隨著祭拜對象神格的尊卑與主從，敬獻祭拜物品的內容和豐盛與否也隨之不同，例如敬獻給最尊貴的玉皇上帝和三官大帝時，為表達最虔誠的敬意，需要特別準備頂桌和下桌，頂桌以非血食的清素供品為主，敬獻給玉皇上帝或三界公；下桌以豐盛的葷食為主，敬獻給玉皇上帝或三界公的隨從眾神，又多準備生的、全副（未經煮熟且完整）的牲禮，如全豬、全羊等敬獻給其隨從神祇，也有地方因受佛教不殺生的觀念影響，而特別準備麵豬、麵羊來替代的。其他節日敬獻神祇時則以三牲、五牲為主，大三牲或小三牲經稍微煮熟即可，也有茹素之人，特地準備素三牲、素五牲以敬奉的。至

於敬獻給祖先時，以日常煮熟的菜飯為主要供品；祭拜鬼眾時，則用更簡單的菜飯或生的食物充作供品即可。

為神明祝壽的豐盛供品擺設華麗／謝宗榮攝

祭祀用品篇

在傳統漢人的生命禮儀中，民眾皆須祈求神明和祖先的慈悲護佑，凡對於所敬祀的神明之祝禱、許願、祈福與懺悔、消災、解厄的活動，也伴隨產生出一套相關的祭祀文物，用以配合表達相關的祭祀禮俗，而在這些祭祀文物中，包括基本的祭祀用具、敬獻的各式供品，以及金銀紙類，為釐清傳統中國人的祭祀用品，茲以祭祀用具、供品、金銀紙三大類介紹於下。

・祭祀用具

在一般生命禮儀的祭祀活動中，除了敬獻的供品與金銀紙外，為配合完成祭祀活動，還包括許多基本的祭祀用具，如祭祀對象分為有具體形象的神祇或無具體形象的神祇，即以

素五牲／謝宗榮攝

象徵天公的天公座／李秀娥攝

台南下林玉聖宮內的「山珍海味」牲禮供品排場／楊宗祐攝

「紙糊燈座」（天公座、三界公座）象徵天公或三界公，以及紙糊的「七娘媽亭」象徵七娘媽。供具尚有：可向神祇（一柱、三柱或一束）或向新亡的祖先（二柱）祝禱的「香柱」、可以插香的「香爐」、祈求神祇或祖先指示的「筊杯」（或銅錢）、為神祇增添光彩的「燭台」或「燈座」、為神明敬獻茶酒時的「薦盒」、可以裝置敬獻神佛香花的「花瓶」、擺著各式供品的「供桌」或「八仙桌」、為增添特殊節慶而圍繫於供桌的吉祥「桌裙」（「桌圍」）等等，皆是祭祀活動中基本的配備用具。同時因應不同的祭祀場合之需要，添置的祭祀用具也有所不同，可隨著個人的心意而調整，若想隆重一些，配備可以更加齊全。

• 供品

　　舉凡生命禮儀的民間祭祀中，信眾為表達內心的虔篤敬神之誠意，皆會準備相關的各式供品祭拜，同時也深深期望慈悲正直的神祇或祖先神能夠體念信眾的誠心，對於所祈求的願望能夠特別庇佑使之早日實現，一旦願望實現後，信眾也會根據先前對神祇許願時所說的答謝內容，誠篤準備相關的供品或物品再次叩謝神恩，所以民間準備供品祭拜神祇的行為，也隱含著傳統「報謝」的原則。

「六鹹六甜」十二齋碗／李秀娥攝

民間在生命禮儀的祭拜活動中，所準備的供品相當多元，在此
僅介紹幾項最基本的供品，其內容大致如下：

牲禮

五牲

全豬或豬頭尾（用豬頭需附豬尾，象徵全豬）、雞、鴨、魚、蝦
（可用豬肚、豬肝）。五牲的擺法不同，豬擺中間為「中牲」，
雞鴨擺兩側為「邊牲」，魚蝦擺後面為「下牲」或「後牲」。

主要用於祭拜玉皇上帝、三官大帝等尊貴神明；通常用於婚喪祭
典、還願等。

五牲／李秀娥攝

四牲

一大條豬肉、全雞、全鴨（或鴨蛋）、一味
海鮮（如蝦、蟳、蝦捲、乾魷魚）。四牲的擺法：
豬肉、雞居中間，鴨和海鮮擺兩側。

可用於喜慶、歲時祭祀或神誕。因「四」為偶
數，故喪事忌諱用四牲；又「四」在民間被視
為同「死」，故一般少用之。

小三牲／李秀娥攝

三牲 / 謝宗榮攝

三牲

五牲中任選三種，通常為豬
肉、全雞、全鴨（或魚）。
三牲的擺法：面對神明，豬
　肉為中牲，左雞、右魚。
　一般同安人將雞頭、魚尾
　向著神明，漳州人則將雞
　頭、魚頭擺向神明。

用於祭拜一般神明，或是新
墓完工謝后土、敬祖先時。

小三牲

一小片豬肉、雞蛋、魚；或
豬肉、麵干、豆干。豆干有
取閩南語諧音「大官」之意。

用於消災厄謝外方（指遊方
亡魂）、犒將、喪禮路祭。

素三牲 / 謝宗榮攝

菜餚

菜飯（五味碗）

即家常菜餚。

1. 祭祖時：以切盤的豬肉、雞、鴨、魚等，加上烹煮的菜餚，合成十道或十二道，再供上主食米飯或麵條。
2. 祭鬼時：較不講究，用白米飯、幾碗菜餚、水酒即可。

用於祭祀祖先、孤魂滯魄。

祭祖菜飯／李秀娥攝

菜碗（齋碗）

即乾料或素菜，如香菇、金針、豆皮、木耳、紅豆、黃豆、花生、海帶、豆干、蘑菇、芋頭、麵筋、素雞等。可備六齋、十二齋、二十四齋、三十六齋。其中亦有講究者會特別準備寓含五行的齋碗，木耳—木、香菇—火、花生—土、金針—金、冬粉—水。或可六乾六濕、六鹹六甜。

用於祭祀佛教神佛，如釋迦牟尼佛、觀世音菩薩、彌勒佛；或道教尊貴的玉皇上帝、三官大帝時之頂桌。

十二道齋碗／李秀娥攝

甜點

湯圓

以糯米團搓揉製成。

用於結婚宴客、神誕。

現代婚禮喜餅／陳美芳攝

餅類

喜餅（漢餅）

以厚麵粉皮，內包著各式的餡，
如紅豆沙、綠豆沙、棗泥、蛋黃等製成的餅。

用於訂婚、結婚。

米香餅

用米膨脹所製成圓
形的米香餅。

用於訂婚。

訂婚喜餅／謝宗榮攝

水果

各式水果

各種天然水果，如鳳梨、香蕉、蘋果、
甘蔗、橘子、芒果、龍眼、香瓜、哈
密瓜等。

用於祭神、拜祖先等，忌用番石榴、番茄、釋迦三項水果。

鼠麴粿

又稱鼠殼粿、鹹龜粿，糯米粿皮，內摻鼠麴草或艾草，呈墨綠色或黑褐色，內包碎豬肉、蝦米、蘿蔔絲乾等。

用於祭祖、掃墓。

鼠麴粿／謝宗榮攝

紅牽（圈仔粿）／謝宗榮攝

紅牽（圈仔粿）

類似紅龜粿，餡為甜綠豆。粿面印有古錢連貫的紋路。

用於作十六歲拜天公或結婚拜天公、拜三官大帝時。

桃形粿

外表呈桃狀的粿。

用於小兒做四月日時分贈親友。

發粿

以在來米粿團製作而成。祭神、祀祖、安神位等。

紅圓

麵粉為皮，餡為甜綠豆。製成圓形，上面加一顆小圓點，形似女性的乳房。

用於作十六歲拜天公或結婚拜天公、拜三官大帝時。

紅圓／李秀娥攝

壽桃

麵粉為皮，紅豆沙為餡，製成
桃狀，外表染成紅色。

用於壽辰、神誕。

壽桃 / 謝宗榮攝

甜粿

糯米粿粉團中加上砂糖，造型多大而圓。

多用於過年祭祀、神誕。

菜頭粿

以在來米漿和煮爛的蘿蔔絲、蝦
米、香菇等製成。

祀神、祭祖先。

菜頭粿 / 李秀娥攝

芋粿

以芋頭和在來米合製而成。
祀神、祭祖先。

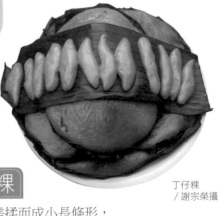

丁仔粿
/ 謝宗榮攝

丁仔粿

純糯米搓揉而成小長條形，
外表染紅，狀似男性生殖器。

用於清明祭祖、培墓時。

龜粿

依製作成烏龜形狀的材料不同，而
有紅龜粿、紅片龜粿、麵龜、麵線
龜、米糕龜等。

用於祝壽。

紅龜粿 / 李秀娥攝

・金銀紙

　　傳統上，國人在生命禮儀的祭拜活動中，皆會準備金銀紙作為敬獻祭拜對象的基本祭品之一，金銀紙彷如人間的各式錢幣，具有通行買路以及基本生活費用之需求的象徵，由於國人認為不論是神明所屬的靈界或是人死後所屬的冥界，皆有使用錢幣作為日常生活

金銀紙

天金（南部稱頂極金）

是最高級的金紙，金箔上寫有紅色「叩答恩光」字樣。有九寸、尺一、尺二規格（南部稱二刈、三刈、四刈），金箔分為四寸、七寸見方。

祭拜玉皇上帝、三官大帝。

天尺金（中南部用）

寫有天金並繪有木尺圖案，形制約五寸四方，金箔為一寸五分。一張印有天金，一張印有尺金，交疊合用。

祭拜玉皇上帝，平時可用於改運。

盆金（滿面）／謝宗榮攝

中南部的天尺金／謝宗榮攝

天公金一副，頂極金（右）和太極金（左）／謝宗榮攝

盆金（滿面）

為一尺三見方，紙上釘滿針孔線樣。

祭祀玉皇上帝、謝神時用。

大箔壽金、財子壽金（南部稱太極金）

印有三尊財子壽神像，金箔上寫有「祈求平安」字樣。有九寸、尺一、尺二規格（南部稱二刈、三刈、四刈），金箔分為四寸、七寸見方。

祭拜玉皇上帝、三官大帝。

大箔壽金即太極金／謝宗榮攝

的需求，因此針對不同的祭祀對象而準備相關的金紙（又稱為「財帛」，用於神明）、銀紙（用於祖先、鬼）或紙錢（用於神明或鬼）是有必要的，這裡特別介紹和生命禮儀祭祀活動較有關連的金銀紙於下。

壽金／李秀娥攝

壽金

上有福祿壽三神之圖案，尺寸有大箔、小箔或大花、小花壽金之分。大者為六乘四寸，金箔一寸五見方；小者五乘三點五寸，金箔一寸四見方。

祭祀一般神明或祈求許願用。北部民眾也用於出嫁女性兒孫化給祖先的金紙。

刈金

有分大箔、中箔。只有一大塊錫箔，沒有圖案。

祭祀一般神明，為北部地區民眾所使用，中部沒有刈金，而使用四方金，上面印有漂亮的葫蘆圖案及四方金之字樣。

壽金（右）、刈金（左）和福金（中）／謝宗榮攝

福金（土地公金）

有大箔、小箔兩類，大箔為二寸四方，金箔為八分四方；小箔為二寸四方，金箔為四分四方。

祭祀福德正神、財寶神、諸神等。有的地區土地公金又稱「四方金」。

中金（中仔金）

尺寸為三乘四寸，金箔為九分見方。

用於「謝外方」，與山水郊野有關的神明。

中部四方金／李秀娥攝

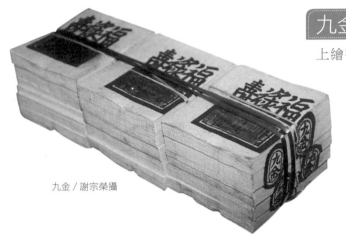

九金 / 謝宗榮攝

九金

上繪有金星狀，寫有福祿壽字樣，金紙兩旁印有九金字樣。

用於一般神明、犒將。南部地區所使用的金紙，中部、北部無。

大銀

北部有大箔、小箔之分；南部則有大、中、小箔之分。

祭祀祖先、喪葬、陰鬼。入殮時也用白布包裹一大疊大銀，作為往生者的枕頭。

大銀 / 李秀娥攝

小銀 / 李秀娥攝

小銀（銀仔）

北部有大箔、小箔之分；南部則有大透、中透、小透之分。

用於普度好兄弟時，或是用於危險的彎路或橋頭，敬獻給好兄弟，使來往車輛平安。

蓮花金

裱有錫箔、塗金油和蓋印，上面印
有蓮花的圖案。

為出嫁女性兒孫用於祭祖，往生作
法事、忌日、清明掃墓。中南部地
區使用的銀紙類，北部地區用壽
金。

蓮花金 / 謝宗榮攝

蓮花銀 / 謝宗榮攝

蓮花銀

中南部地區使用的銀紙類，裱有錫箔、蓋印，不塗金油，上面印有蓮花圖
案。

為男性兒孫用於祭祖，用於往生作法事、忌日、清明掃墓、撿骨。中南部地
區使用的銀紙類，北部地區用大銀。

高錢

黃色，形制為一尺乘一寸九分。

常見於拜天公、三界公時所用。

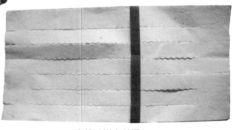

高錢／謝宗榮攝

新港奉天宮「山海遊香」繞境中的
「莊儀團」千里眼、順風耳，其後
腦杓繫有「高錢」，手握「手錢」
／吳漢恩攝

金白錢

有黃色和土灰色兩種為一組。

用於眾神部將，或犒將時用。

金白錢／李秀娥攝

五色紙

綠、紅、黃、白、桃紅五種顏色，
大小不一，其下呈鋸齒狀。

用於壓墓紙，屬於泉州人的習俗。

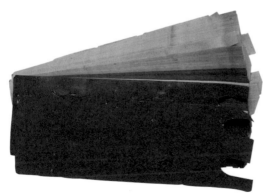

五色紙／李秀娥攝

黃古錢

為黃色的古仔紙，長方形。

通常當壓墓紙，屬漳州人的習俗。

黃古錢／李秀娥攝

黃古錢／謝宗榮攝

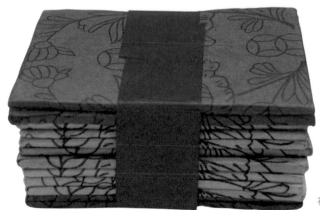

花盆錢／李秀娥攝

花盆錢（夫人錢）

每一疊為五種顏色的紙錢所紮，外面各包以紫藍、白、綠、黃、紫紅等色紙，上面印有美麗的牡丹花和雙錢的吉祥圖案，亦為衣料紋。

凡有幼兒者，於拜天公、七娘媽、夫人媽、註生娘娘、十二婆姐等祭祀、補運時用。

床母衣（娘媽襖或鳥母衣）

為紫紅色，上印有紫色雲和花草紋，為衣料的代表；或是印有床公床母神像的紙錢。

祭祀床母、七娘媽時用。

娘媽襖（床母衣）
／李秀娥攝

床母衣／胡文青攝

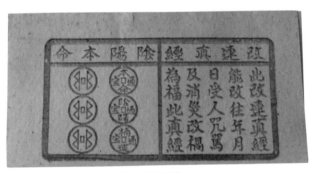

改連真經／李秀娥攝

改連真經（本命錢、補運錢、去命錢）

為四點五乘三點五寸，印有改運經文及陰陽本命的黃底紅字。

凡運徒不佳者，用於祭祀元辰守護神、太陽星君、南北斗星君等所用。

甲馬

為黃底紅字，上印有
盔甲、弓刀、神馬、
長靴等圖案。

用於迎神、送神、犒
賞天將、天兵。

甲馬／李秀娥攝

替身

紙上印有通寶圖案，並加繪一人
形，有男性和女性之分。

用於祭鬼，暗訪祭改或邊船祭改
時。

替身／李秀娥攝

經衣（更衣）／李秀娥攝

經衣（更衣）

為一尺乘三寸五分，印有墨色的衣服、靴子、梳子、剪刀等器具。

凡拜門口、祭祀好兄弟時用。

棺木用公庫錢（世界宗教博物館館藏）／謝宗榮攝

棺木用公庫錢

面仔紙白色印紅字，為一尺五寸乘八寸大，上有打點線八十條，折為四折，三十張為一封，再用白紙包住，俗稱一萬元，多以十萬為一束。中部則為較小單張的庫錢，上面印有綠色庫錢字樣的形式。

納入棺木之公庫錢，不焚化。此乃繳入地府公庫，有設籍成為冥府一員之意。該庫錢要依亡者生肖而決定數量，但有兩種說法。

第一種是子（鼠）年生者十萬，丑（牛）年者三十八萬，寅（虎）年者十二萬，卯（兔）年者十二萬，辰（龍）年者十三萬，巳（蛇）年者十一萬，午（馬）年者三十六萬，未（羊）年者十四萬，申（猴）年者八萬，酉（雞）年者九萬，戌（狗）年者九萬，亥（豬）年者十三萬。

第二種說法是肖鼠之人繳六萬，肖牛之人繳廿八萬，肖虎、兔之人繳八萬，肖龍、豬之人繳九萬，肖蛇之人繳七萬，肖馬之人繳廿六萬，肖羊之人繳十萬，肖猴之人繳四萬，肖雞、狗之人繳五萬。

棺木用私錢（世界宗教博物館館藏）／謝宗榮攝

棺木用私錢（私庫錢）

面仔紙白色印紅字。十萬元一束。

納入棺木中，不焚化，意即供死者在冥界使用之私庫錢。

功德用公庫錢

面仔紙紅色印黑字，為一尺五寸乘八寸大，上有打點線八十條，折為四折，三十張為一封，再用白紙包住，俗稱一萬元，多以十萬為一束。

屬於作功德圍庫錢時焚化之公庫錢。此公庫錢乃替亡者還清投胎出生時向庫官所商借的庫錢，一般肖馬、牛者需還八萬，而其餘生肖還四萬。

功德用公庫錢（左）和私錢（右）（世界宗教博物館館藏）／謝宗榮攝

功德用私錢（私庫錢）

面仔紙紅色印黑字。可由家屬自行填寫幾萬兩。

作功德時焚化獻給亡者使用之私庫錢，供死者在冥界使用。一般民間多重視私庫錢，因為這是屬於獻給亡者的私房錢，所以會焚化很多私錢，甚至比公庫錢還要多很多。

功德用私錢（世界宗教博物館館藏）／謝宗榮攝

作旬專用錢包

因有十殿閻王，所以共有十種作旬的錢包，面仔紙的中央會有紅紙分別寫上每一殿閻王的尊諱，兩旁再印上藍色字體，寫著「陽世信士虔具香燭茶飯粄果禮物牲牷酒禮金包」一封，外有「散金充足誠心敬奉」，以及「帝德巍巍乞判超昇之路王道浩蕩大開赦宥之門」等字樣。

用於喪事作旬時。

作旬專用錢包（世界宗教博物館館藏）／謝宗榮攝

往生錢 / 李秀娥攝

往生錢

為黃色正方形紙，上印有紅字的往生神咒。多折成元寶狀或蓮花形。

用於喪事、佛教的祭拜，但民間信仰，多為佛、道混合使用。

冥國銀行紙幣

為長方形的紙幣，上有冥國銀行的字樣，以及金額多寡，類似民國後的國幣或美鈔圖樣。

用於喪事焚化給亡者的紙幣台幣（有單張的、或是綜合型的），或是美鈔，以因應國人時常出國使用美鈔的風俗，也反映在陰間出國旅遊的風氣。

綜合型冥國銀行紙幣台幣（世界宗教博物館館藏）/ 謝宗榮攝

冥國銀行紙幣美鈔（世界宗教博物館館藏）/ 謝宗榮攝

生命禮儀的內容

生命禮儀的內容

The Matter of Life Etiquette

反映生命過程的禮儀內容

　　生命禮儀的舉行，使得當事者個人與其親友、社會間的人際網絡，重新調整並進入另一種新的平衡關係，因而整個生命禮儀的儀式進行過程，也強烈涉及宗教信仰文化的層次，如有許多儀式皆須敬祀神祇與祖先，祈求祂們特別庇佑，有些儀式也需透過專業的神職人員，如道長、法師、尪姨等，所以也有許多儀式動作的展演，以及許多宗教祭祀文物與法器等。

　　台灣傳承自閩、粵習俗，已有兩、三百年的歷史，在族群融合的過程中，又因應不同的自然、人文環境，逐漸形成了部分延續閩粵傳統與部分具台灣本地特色的「生命禮儀」，這些生命禮儀，如：出生禮、成年禮、婚禮、壽禮、喪禮等，林林種種構成了台灣漢民族豐富的生命禮俗內涵。而在舉行禮儀的過程中，會展現各種繽紛多彩的傳統鄉土民俗器物，例如：在傳統的出生禮中，新生嬰兒的外婆或親友所贈送的繡工精緻的傳統帽飾、衣服、鞋子和金銀飾等；婚禮時的傳統花轎、傳統新娘禮服、親友相贈的喜幛；祈求庇佑幼童平安長大而繫在脖子上的絭牌等；壽禮中充滿民俗祝賀意趣的壽幛、壽聯；喪禮中充滿傳統民俗色彩與技術的糊紙藝術的靈厝、魂轎等等，這些鄉土民俗藝術資源，充分反映在各種相關的禮俗

彰化社頭清水巖早生貴子香包／謝宗榮攝

文物之中。縱使社會變遷劇烈，有些習俗的禮文已逐漸失落，但禮意仍舊存在著，如婚禮中新娘的衣飾由昔時大紅色的鳳冠霞披轉變成為西式白紗，即是現代人因應時代而發展出來的一種文化變遷的表現。

成年禮做十六歲／謝奇峰攝

由人類生命的誕生到生命的終結，皆需通過一連串不同生命階段的關口，每個文化為了協助社會成員能夠順利通過這些不同的成長關口，隨著該文化長年的智慧累積，而設計出一套不同的生命禮儀的祭祀活動，由這些儀式的祭祀活動，亦可看出這個文化在生命禮儀的特色，中國漢人擁有悠久的歷史文化，自然也衍生出一套頗具文化特色的生命禮儀，在此介紹傳統的「出生禮」、「成年禮」、「婚禮」、「壽禮」、「喪禮」中相關的祭拜活動。

祭拜儀式免不了供品，圖為七娘媽的祭拜供品／謝奇峰攝

出生禮

Rites to Birth

生育崇拜傳說之神

　　中國生育守護神之崇拜，男性神、女性神皆有。包括：

　　（一）遠古高禖神──1.即女媧娘娘，一說摶土造人，一說和伏羲兄妹結婚生下人類；2.夏：塗山氏──即女媧，殷：簡狄、周：姜嫄。即各民族之先妣。

　　（二）西王母（王母娘娘、瑤池金母）。

　　（三）河南人祖（伏羲、女媧）。

　　（四）黃河流域虎神。

　　（五）泰山娘娘（碧霞元君）。

　　（六）送子神張仙──一說四川張遠霄；一說五代後蜀孟昶。

　　（七）祿星抱子下凡。

　　（八）送子觀音──佛教另有鬼子母：訶梨帝母護佑兒童。

　　（九）金花夫人（金花娘娘）
　　　　　──廣東、香港。

　　（十）送子娘娘。

　　（十一）註生娘娘或稱子孫娘娘──有說是陳靖姑。

　　（十二）護產臨水夫人陳靖姑等。

　　（十三）七星娘娘、七娘媽──照顧幼童至十六歲。

台北保安宮註生娘娘／謝宗榮攝

（十四）床神——九天監生明素真君（周文王）有百子：床公；九天衛房聖母元君（周文王之妻）：床母。

（十五）各地鄉土生育守護神或其陪祀神——如鹿港的夫人媽等；十二婆姐、三十六婆姐、花公、花婆、鳥母、床公床母等。

（十六）瑞獸：送子鳥、麒麟送子……。

新生命的誕生，使人類生命得以延續，也是漫長人生延展的開端，如何讓新出生的嬰兒順利地融入既有的社會，孩子本身能夠順利成長，抵抗病魔或意外的災難，以及讓周遭的家人、

台北保安宮十二婆姐／謝宗榮攝

社會能夠接納他（她）的存在，這對孩子本身而言是最重要也是最基本的生命過渡禮儀，因此傳統社會相當重視有關出生禮的祭祀與準備活動。本節將依「出生前」和「出生後」兩大類加以介紹。出生前的相關儀式有探花欉（梗花欉）、栽花換斗、換肚、安胎、送流蝦（霞）等五項；出生後的相關儀式則有三朝、報酒、剃髮、滿月、作四月日、作度晬（周歲）、掛絭（作契子）、拜七娘媽、拜床母等相關的祭祀活動。

與新生命有關的拜七娘媽，除了供品還有七娘媽亭／謝奇峰攝

一 出生前

❶ 探花欉（梗花欉）

　　由於民間習俗上，相信每個人都有生命靈樹的花欉或樹欉，男性的在「本命樹園」內，會以榕樹、松樹、柏樹等樹種呈現，代表男性的生命力與特質；女性的在「本命花園」內，以牡丹花、菊花、玫瑰花、蓮花等花欉呈現，代表女性的生命力與特質。

　　靈界的花園由花公花婆照管著，也有兩位顧花童子協助照顧，若是靈界內所屬的本命樹欉或花欉上面有佈滿蜘蛛絲或傾斜、枯落等現象時，所屬的本人也會有身體不舒服、生病不順之現象產生。若是有墮胎次數者，其花欉樹下也會有幾朵枯萎的花。

　　民間婦女深信若結婚數年，無法正常順利懷孕者，或是懷孕後身體較虛弱者怕胎兒不保，往往是本命花欉也生病了，需要特別照顧，所以會請紅頭法師或道士為信眾舉行「探花欉」、「梗花欉」的儀式，察看本命花欉上面有幾朵白色花苞（代表將生育男生的數目），幾朵紅色花苞（代表將生育女生的數目），以及上面是否有枯萎、佈滿蜘蛛的情形，此即「探花欉」。

台南開隆宮的花公花婆／李秀娥攝

　　透過請神明原諒信眾無心的過錯，再請花公李三郎、花婆竹四娘代為修剪整理一下本命花園內的本命花欉，使它的枝芽能夠重新健康的生長，展現旺盛的繁殖生命力。婦女在儀式進行時，也要手捧一株芙蓉花，經由法師進行「梗花欉」的儀式後，

將此盆花帶回家中，好好照顧，同時象徵自己與神明都在暗中相助照顧花欉，以順利懷胎和生產。

❷ 栽花換斗

中國傳統社會因以父系宗法社會的傳承為主，形成了重男輕女的觀念，孕婦也因此多希望能夠懷男孩。古代尚未有科學儀器來判定生育的性別時，大多以前人累積的經驗來判斷，例如：
(1)看孕婦的肚子，尖一點的、偏左腹的將會生男嬰；圓的、偏右的會生女嬰。(2)冬至時煮湯圓，

台南開隆宮的鋤童箕童 / 李秀娥攝

表面若有大氣泡，表示孕婦會生男孩；若湯圓表面有缺孔時，會生女孩。(3)找個天真的小孩從筷籠隨便拿筷子，所拿的筷子若是奇數則生男嬰，偶數則生女嬰。(4)在路上呼喚孕婦，若她從左邊回頭，則生男生；若從右邊回頭，則生女生。孕婦若希望可以保證生男孩，就會延請法師為她執行「栽花換斗」的儀式，也就是一種變換胎兒性別的方法。

傳統「栽花換斗」的方法大致有兩類，一是請尪姨或算命瞎子，將一盆蓮蕉花（因「蓮招」的閩音與男性生殖器的「卵鳥」發音相近）帶到孕婦的房間內，在床前祈禱、貼符及燒金銀紙。之後將蓮蕉花種在屋後，細心照顧，不能使它枯萎，如此胎兒就會由女生變為男生。二是準備牲禮、香燭，並帶一盆種在米斗或盆栽中的海芙蓉花到廟裡（奉有註生娘娘或臨水夫人者）祈禱。

道士法師在神前執行「栽花換斗」的儀式，其程序如下：

① 請神、② 祭花、③ 祭改、整理花欉（進花園）、④ 過關限、⑤ 送天狗白虎、⑥ 栽花換斗：包括 a. 請神、b. 梗花（栽花）、c. 剪花送花、d. 唱花歌、e. 勸娘（勸孝）。

法鐘 / 謝宗榮攝　法鐘

龍角 / 謝宗榮攝　龍角

法索鞭打五方

栽花換斗儀式中的紙糊花公花婆 / 李燦郎攝

唸疏文

a. 請神

　　法師祈請諸神（西王母、三奶夫人、三十六宮婆姐等）、祭祀花盆亭上的花公花婆、太歲星君等後，為信女解除沖犯的天狗、白虎、五鬼等關限煞神。

過關限橋，橋下置七隻紅燭

再以長板凳充作關限橋，凳下置七支紅燭，象徵北斗七星；一盆清水，象徵江河大海，通過儀式後化除不祥。

c. 剪花送花

再請花公花婆、顧花童子等代為看顧本命花園中的本命花欉，若孕婦想生男者，則剪下一朵紙糊白花插在婦女的背面髮上；若想生女生者，則剪下一朵紙糊紅花插在婦女的髮上。之後捧回海芙蓉花，種在庭院中，好好照顧，即可改變胎兒性別。

b. 梗花（栽花）

備妥花盆亭置於米盤上、其外圍安置象徵十二元辰的紅圓及七支紅蠟燭（象徵北斗七星）、三牲、豬肚（有換肚之意）、鳥母衣、花腳庫錢、太極金、壽金等。

儀式完成後，捧回芙蓉盆栽／李燦郎攝

d. 唱花歌

有法師或道士唱讚詠十二月令的花歌，也有意寓十二月令時節誕生的花朵、與適合生育之時，各有不同特色。

e. 勸娘（勸孝）

有法師或道士唱勸娘子的歌，裡面有教化勸孝之意味，勸化夫妻多做好事、孝順父母與公婆，會有好孩子來誕生等等。

儀式在法師祈請諸神（西王母、三奶夫人、三十六宮婆姐等）、祭祀花盆亭上的花公花婆、太歲星君等後，為信女解除沖犯的天狗、白虎、五鬼等關限煞神後，再以長板凳充作關限橋，凳下置七支紅燭，象徵北斗七星；一盆清水，象徵江河大海，通過儀式後化除不祥。備妥花盆亭置於米盤上方、其外圍安置象徵十二元辰的紅圓及七支紅蠟燭（象徵北斗七星）、三牲、豬肚（有換肚之意）、鳥母衣、花腳庫錢（花盆錢）、太極金、壽金等，再請花公花婆、顧花童子等代為看顧本命花園中的本命花欉，若孕婦想生男者，則剪下一朵紙糊白花插在婦女的背面髮上；若想生女生者，則剪下一朵紙糊紅花插在婦女的髮上。之後捧回海芙蓉花，種在庭院中，好好照顧，即可改變胎兒性別。[1]

栽花換斗儀式中的紙糊花公花婆和五鬼 / 李燦郎攝

法師祈請諸神（西王母、三奶夫人、三十六宮婆姐等）、祭祀花盆亭上的花公花婆、太歲星君等

鳥母衣、花腳庫錢、太極金、壽金等金銀紙

供桌上備有儀式使用的金銀紙

栽花換斗中法師正為信眾
恭讀疏文 / 李燦郎攝

芙蓉盆栽，婦女要將芙蓉
盆栽帶回照顧好

有換肚之意的豬肚

婦女將紙糊花
公花婆與生命
花欉捧在手上
/ 李燦郎攝

請花公花婆、顧花童子等代為看顧
本命花園中的本命花欉

花腳庫錢（花盆錢）

外圍安置象徵十二
元辰的紅圓

紅圓與蠟燭象
徵栽花換斗儀
式中的十二元辰
/ 李燦郎攝

❸ 換肚

　　婦女懷孕後，若時常流產或是連續生出女兒，娘家恐招致婆家不滿，因此趕緊在生育後十天內，煮好豬肚來給孕婦吃，希望藉此「換肚」，將生女生之肚換成生男生之肚。換肚時是將豬肚內填裝糯米，然後放入新茶壺，再取一條紅線，兩端各繫銅錢六枚，尾端結上鈴子，掛在茶壺嘴上。也有用龍眼代替一厘銅錢的，然後娘家再送到女兒家放在女兒床中央，祭拜床母，之後默默離去，不可交談。出嫁的女兒吃完豬肚後，將空茶壺放在床下保存，等到日後將近生產時，將它作為慶祝誕生的帽子鬚，據說吃了豬肚就能把生女兒的產腹換掉，而生出男孩來。

　　也有人是在生產滿月後，由丈夫陪著回娘家，應了俗語：「踏青青就會生後生」的吉兆，亦即出外散步踏青，就能生出男孩來。可知傳統台灣婦女在父系宗法社會的子嗣傳承下，務必生出男孩子來，而不得不藉助許多民俗儀式的協助。

　　婦女懷胎十月的過程是非常辛苦的，這可從台灣民謠〈十月花胎歌〉得知，由於傳統觀念相信婦女在靈界是屬於一株花欉，有關生育子女方面則要觀看靈界的花苞生長的情形，所以會說婦女所懷的是花胎，而〈十月花胎歌〉的歌詞如下：

　　　　正月花胎龍眼大，父母有身大受磨；魚吃要吐真坐掛[2]，真真艱苦無快活。

　　　　二月花胎肚圓圓，一粒宛寫像荔枝；田螺吐子為子死，生子生命塊水墘。

　　　　三月花胎人真善，父母懷胎艱苦年；腳酸手軟歸身變，倒落眠床咳咳喘。

　　　　四月花胎分腳手，肚尾親像生肉瘤；為著生子奧得求，三分腹肚不時憂。

　　　　五月花胎分鼻嘴，好物任食卻魚肥[3]；腳盤宛然若匱水，腰骨親像塊要開。

　　　　六月花胎分男女，恐驚胎神會參滋，三分若是有世事，靜符緊食結身軀。

　　　　七月花胎會煞位，一日一日大肚歸；行著有時大心愧，一個腹肚圓錐錐。

　　　　八月花胎肚凸凸，早晚代誌著知防；這款甘苦

不敢講，失頭著叫罩來摸。

九月花胎會振動，為著病子不成人；花粉減抹
歸斗籠，無食腹肚也亏空[4]。

十月花胎苦憐代，一個腹肚著大咳；想著要生
流目屎，求會順序生出來。

　　另外民間還流傳一首〈病囝歌〉，則敘述了孕婦在十月懷胎到
十一、十二月孩子出生期間，對於生理、心理所產生的自然變化之辛
勞，以及飲食口味的逐月變化，和作先生的如何關心的情形。歌詞內
容如下：

正月順來桃花開，娘仔今病子無人知，哥仔
今問娘愛食物？要吃唐山香水梨。

二月順來田草青，娘仔今病子面青青，哥仔
今問娘愛食物？要食枝尾樣仔青。

三月順來人播田，娘仔今病子心艱難，哥仔
今問娘愛食物？要食老酒一大瓶。

四月順來日頭長，娘仔今病子面黃黃，哥仔
今問娘愛食物？要食唐山烏樹梅。

五月順來人爬船，娘仔今病子心悶悶，哥仔
今問娘愛食物？要食海頂雙糕飯軟[5]。

六月順來碌炎天，娘仔今病子倚床邊，哥仔
今問娘愛食物？要食鳳梨炒豬肝。

七月順來人普度，娘仔今病子無奈何，哥仔
今問娘愛食物？要食枝尾酸楊桃。

八月順來是中秋，娘仔今病子面憂憂，哥仔
今問娘愛食物？要食蕭壟文旦柚。

九月順年厚葡萄，娘仔今病子心焦躁，哥仔
今問娘愛食物？要食老酒燉鴨母。

十月順來人收冬，娘孩兒落土腹內空，哥仔
今問娘愛食物？要食二瓶老酒燉雞公。

十一月順來是冬天，娘仔今抱子倚門邊，哥
仔今問娘愛食物？要食羊肉炒薑絲。

十二月順來是年邊，娘仔今抱子靠床墩，哥
仔今問娘穿什麼？要穿綾羅要過年。

從〈十月花胎歌〉與〈病囝歌〉，可以得知懷胎十月的辛勞，加上孕婦生產時所面對的痛苦與危險，若非親身經歷，恐怕很難體會早期台灣婦女在父系宗法制度下，重視「多子多孫多福氣」，以及「傳宗接代」、「延續香火」等傳統觀念的期待與要求下，所經歷的痛苦、焦慮與無奈了。

❹ 安胎

在台灣的傳統社會中，對於子嗣香火的傳衍非常重視。對於已婚婦女能夠順利懷孕到生產，便顯得是家中的一件大事。尤其若能生得男丁繼承家業，或是獲得功名科考，更是祖上無限的光榮。在父系社會中，台灣人認為家中應由嫡長子來擔任祭祀祖先的責任，這也是人倫大義，並且多期望家中男丁興旺。若無男丁，就要向同宗或者同姓者認養，以繼承香火。

為了順利生出兒子，民間也有許多求子風俗，例如在婚嫁時，新娘的嫁妝中必有一盆蓮蕉花（也稱「蓮招花」，「蓮蕉」音近男性生殖器官，隱喻生男之意），一盆石榴（多子之意），代表著新娘可以連招貴子，並在線尾袋中裝十二根鐵釘，隱喻家中出丁（男丁）。此外，元宵節賞花燈時，婦女被鼓勵在花燈下鑽過，符應俗話所說的：「鑽燈腳，生卵葩（lan⁷ pha¹）」，期望早生貴子。也有向神明祈求

元宵節廟宇鼓勵婦女「鑽燈腳，生卵葩」來祈子／謝宗榮攝

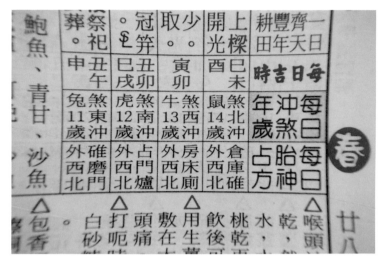

農民曆載有每日胎神占方 / 李秀娥攝

子嗣，若擲筊請示答允獲賜男孩，則可祈取白花；若請示賜女孩，則祈取紅花。

　　倘若婦女順利懷孕，就要小心胎兒的安穩與否，所以得遵守各種傳統禁忌，台灣人相信孕婦在懷孕到生產的這段期間，隨時隨地都有胎神隨身保護，避免因為行事不小心煞到胎神，而傷到胎兒。

　　隨著月齡的不同，胎神的位置也會改變。胎神會藏在牆壁、床、家具、房門、窗戶等地方，主要是在孕婦房內，所以不可任意移動房間內的器物，或在家中釘釘子、敲敲打打、動剪刀等，免得不幸生出瞎眼或兔唇的孩子來。倘若一定要移動器物或釘釘子時，要在器物上貼安胎符，或者拿一把掃帚在要移動的器物或要釘的牆面上輕敲十二下（閏年十三下），口中唸道：「囝仔人避開，大人展飛。」此外，孕婦禁止吃喜餅和家禽體內的卵，也不可以觀看傀儡戲、布袋戲，或從秤上、牛、馬的繫繩上跳過。

關於懷孕期間的各項禁忌，大致如下：

（1）不可拍孕婦的肩膀，以免造成流產。

（2）忌看傀儡戲和布袋戲，以免生出軟骨症的孩子。

（3）忌綑綁東西，否則會生出十指不全或無法彎曲的孩子。

（4）忌跨過或拉牽套在牛、馬身上的繫繩，否則會像牛、馬一樣懷孕十二個月。

（5）忌到喪家或碰觸喪家棺材，否則會流產或生後難飼養。

（6）忌參加婚禮，否則易「喜沖喜」，
　　其中一方會發生不幸。

（7）忌進入生產的月內房，否則「喜沖
　　喜」，雙方都會發生意外。

（8）忌進入未滿四個月的新娘房，以免
　　「喜沖喜」。

（9）忌插花，否則會流產。

（10）忌用針或錐子穿過布或紙，否則
　　　會觸犯到胎神而生出失明的嬰
　　　兒。

（11）忌用夾子夾東西，否則會生出無
　　　耳或單耳的嬰兒。

（12）忌手臂往上舉，否則胎兒會受傷。

（13）忌食煎炸的食物，否則身體會燒爛。

（14）忌食螃蟹，否則嬰兒會抓人。

（15）忌跨過秤子，因秤的計算單位為十六
　　　兩一斤，孕婦便會懷孕十六個月。

（16）忌燒肉類，以免生下有胎記的小孩。

（17）忌剪衣服或挖掘庭院內的水溝，否則
　　　會生出兔唇的嬰兒。

（18）忌夜晚出門，否則遇到白虎神、黑虎
　　　神的話，胎兒會被吞去。

（19）忌看白虹（月暈），否則易生女兒，
　　　且對胎兒的貴氣不好。

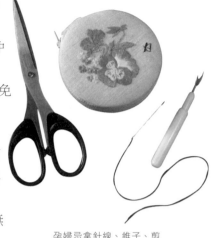

孕婦忌拿針線、錐子、剪刀避免傷胎兒／李秀娥攝

安胎符除了畫有「聖人勒令」文字之符錄，也有孕婦祈求「六甲安胎符」。「六甲」分為「甲子、甲寅、甲辰、甲午、甲申、甲戌」，是孕婦的守護神／吳漢恩攝

　　傳統社會的人較常遵守這些禁忌，現今社會，有些禁忌的觀念已較為淡薄。傳統習俗若是不小心觸犯禁忌沖犯了胎神，即所謂「動著」時，孕婦便會感到身體不適，這時必須設法安胎，一是向中藥店買安胎藥或十三味藥讓孕婦滋補身體；二是請先生媽或向廟中法師索取安胎符，將符燒了之後和鹽混合，撒在「動著」之處或貼在「動著」之處；三是請專司吉事的道士（紅頭師公）在

安胎符 　　　押煞符

一吋二分

五吋

「奉勅令」

「聖人勅令」

「靈符救母子內全」

「雨漸耳」

鬼死後被收服

「三清」

「崇戊日遊大將軍押煞罡」

押煞符（右）與安胎符（左）/ 謝宗榮攝

孕婦的枕邊鳴龍角，再對著孕婦念咒畫符，並將安胎符貼在「動著」的地方來鎮定胎神。

安胎符一般寫在黃色的符紙上，大約寬一吋二分、長五吋左右，符畫完之後，必須用筆依下、中、上的順序在符上敲三下才有效。安胎符必須和押煞符一起使用。押煞符上是「雨漸耳」及「崇戊日遊大將軍押煞罡」等字構成，屬於鎮煞用符，使用前必須先用洗米水擦拭過「動著」的地方，再將押煞符貼在「動著」的地方。安胎符上則畫有「奉勒令，聖人勒令靈符救母子內全」。使用法是燒成灰後混入水中飲用，或者撒在蚊帳上和「動著」之處。

❺ 送流蝦（霞）

台灣傳統習俗中，婦女臨生產前，最怕犯了「流蝦」（流霞），又稱「起流蝦（霞）」，即指生產時有血崩之現象。早期台灣人相信有些婦女生產時不能動到水或看到紅色，否則會血流不止，這種婦女就叫「帶流蝦」（或稱帶流霞）。故生產時禁止將水帶到婦女身邊。若不幸發生「起流蝦」，便要趕緊請法師或道士作法「送流蝦」，以求能順利生產。儀式進行時，準備一盆熱烘烘的烘爐，上面放上一隻鮮蝦子，待炭火將生的蝦子熱烤成熟的紅色蝦子後，就表示將流蝦制住了，讓產婦跨過此烘爐，並燒化一種「流蝦」的紙錢，來送走流蝦，以免它作祟危害產婦。倘若不幸死產，早期台灣人相信必須將其丟入河中，以免亡魂暗中作祟。

流蝦錢／謝宗榮攝

剪流蝦（霞）

② 紙蝦子

經道士的巧手剪出紙蝦子。

① 剪流蝦（霞）

準備紅紙與剪刀，運用
剪紙藝術技巧，依蝦子的
形狀剪出紙蝦子。

除了退流霞的符咒，也可見道士以剪刀
剪出蝦子樣貌 / 黃虎旗提供

剪出蝦子的全貌 / 黃虎旗提供

③ 放流蝦（霞）

漂浮在水流中的紙蝦狀態。

剪好的紙蝦依法事慣例，會帶到有溪流的地方
放水流，代表「放流」/ 黃虎旗提供

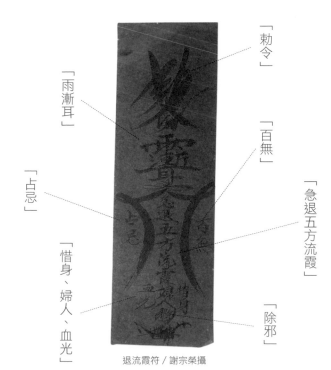

「勅令」

「雨漸耳」

「百無」

「急退五方流霞」

「占忌」

「惜身、婦人、血光」

「除邪」

退流霞符 / 謝宗榮攝

二 出生後

　　早期的婦女大多在夫家生產，很少回娘家生產。俗話說：「借人死不借人生」。台灣人認為生產是喜事，家中借人生產，福氣就分掉了一部分，而死亡是禍事，借人死，家中的災禍就會減少一部分。如今社會情況已有改變，婦女多在現代化的西式醫院生產，到醫院探視產婦被認為可以沾沾喜氣，若趕不到醫院生產，而在車上、飛機上或其他地方生產時，往往被認為這樣的生產能帶來喜氣。

　　傳統社會裡，嬰兒出生後，靠產婆用剪刀將臍帶剪斷，待胎盤（又稱為胎衣、衣胞、人胞、混元毯、仙人衣、紫河車等）落下，用布包起來（另一說是將臍帶包起來），若是女嬰，便將胎盤、臍帶丟入河裡，若是男嬰，便將胎盤拌入石灰，放入甕仔中，保存在床下四個月，期間不可以隨意移動碰觸，否則嬰兒會有吐奶的情形。

　　有關胎盤的處理方法尚有多種說法，例如將胎盤用紙包好，和磚頭捆在一起後放到田裡或沉到埤（水池）中，或將胎盤埋在外面。各種說法不一，目的皆是將胎盤處理妥當，因為民間認為胎盤是孩子的元神，不可以隨意亂丟。埋胎盤時必須說「踏胎盤」，因為埋字意味著死亡，所以禁說埋而說踏。踏胎盤要踏的深，踏的實，而且不可以讓他人知道埋藏處，如此孩子的元神才不會走掉，也不會溢奶、

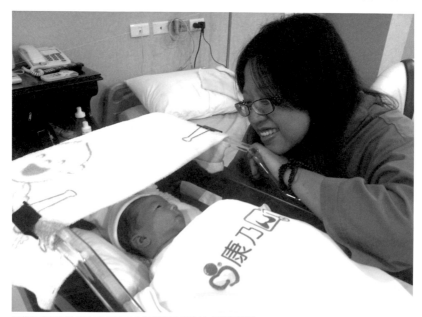

現代社會孕婦生產有坐月子中心幫助產後坐月子 / 楊宗祐攝

沒精神。慎重處理胎盤的原因，除了擔心胎盤遭動物啃咬外，也擔心被心術不正的人偷去製作邪藥害人，會影響嬰兒的成長。

胎盤又稱紫河車、胞衣，性溫煖，能大補氣血，治一切虛勞損極，自古以來即認為胎盤可以入藥，具有回春之效。現代人則知道胎盤可以提煉胎盤素，製成高級的營養霜或移植到皮膚中，以求長春不老。時代雖不斷改變，但人們愛美求年輕的心卻未曾改變。

除了胎盤要妥當處理外，早期嬰兒脫落的臍帶也不能丟棄，要妥為收藏，將來考試、打官司時帶在身邊可以壯膽。家中手足的臍帶可用紅紙包在一起，如此感情會較和睦。

婦女生產的這一天起，到孩子滿月為止的一個月內，稱為「月內」，即所謂的「作月子」。婦女生產是一場生死搏鬥，產後身體非常的虛弱，因此這一個月內產婦要吃桔餅、陳皮、生化湯等補血氣、去污血的食品，也要吃豬肉、雞肉、豬腰子、豬肝、麵線等摻麻油、酒的食物以滋補身體。這也是民間俗語：「生的過雞酒香，生不過四塊板。」意思是說，倘若孕婦幸運順利生下子女，就有麻油雞酒香來滋補身體；倘若在生產過程發生意外，孕婦死亡的話，就會落得被裝入四塊棺材板的命運了。

這一時期多是婆婆在張羅、照顧產婦，通常娘家也會常常帶許多營養的食品。許多婆婆媽媽在媳婦或女兒懷孕時，就會計算好生產的時間，在家中開始養雞，等到媳婦女兒生產完坐月子時，雞也養大了剛好可以進補。產婦坐月子的這一段期間有許多禁忌，在食物上忌食冷性的食物，也不能吃鹽，飲食時不能站或蹲著，需坐著吃才可以。產婦在月內也忌碰冷水，忌洗頭、洗澡，更不能外出，必須待在房內休息以調養身體。而且除了產婦的母親外，其他人都不能和她見面，產婦坐月子的房間（俗稱「月內房」）也不能隨便進去。現代社會則也有產後住進坐月子中心接受照顧的，較不同於古俗。

早期嬰兒夭折的情形頗常發生，所以在家人期望下與產婦歷經千辛萬苦下出生的孩子，當然希望他能健健康康的長大成人，是故在傳統社會中，發展出各式各樣繁複的出生禮俗，期望能透過這些儀式處理生命中重要的關卡，祈能平安健康、豐衣足食的過完一生。所以一個人自出生那一刻起，便正式踏入生命的旅程，必須經歷與遵守各式各樣的禮節與儀式。

❶ 三朝、報酒

在傳統習俗上，當孩子剛出生時，並不用水洗澡，而是以麻油擦洗身體，洗掉胎衣，再用父親的舊衣服包裹嬰兒；直到第三天才正式用水為嬰兒洗澡，並在女方結婚時所攜來的浴盆內放著桂花心（木犀花）、柑橘葉或龍眼葉（象徵孩子日後富貴、吉祥、子孫滿堂）、一或三顆石子（象徵祈求孩子頭殼長得堅硬，膽子堅壯勇敢）、以及十二文銅錢（有財運亨通之意），放入水中煮沸，待水溫稍降後，用以洗拭嬰兒的身體，並以小石頭在嬰兒胸前輕拍三下，此舉稱為「做膽」。洗完後才穿上祖母縫製好的嬰兒服，有和尚衫及押胸衫。

祭祀時，會準備相關的供品稟告神明、床母和祖先，並祈求祂們日後對孩子的持續庇佑，稱為「三朝」。此時親友都會來慶祝。如果賀客之中也恰好有小孩出生（四個月內的小孩），便不能來祝賀，因為台灣人認為喜沖喜是不吉利的。

當祭拜完後，再將相關的油飯、雞酒等供品送往外家（女方娘家），上香敬報女方家的神明和祖先，已生有子嗣的好消息，女方在產後十二天內再回贈一些補品給女兒作月子，稱為「報酒」。若是生男孩，還要準備油飯、全雞、米酒等供品送媒人，作為「謝媒人」之禮。

三朝洗澡用代表多子多孫的龍眼葉、財富的銅板、膽量的石頭／謝宗榮攝

拜神明的供品有牲禮、油飯、雞酒、水果、酒等；拜祖先時，牲禮剖開，加上幾道菜飯即可；拜床母時，供品主要是油飯、雞酒。報酒時，主要是攜帶油飯、雞酒送外家敬告神明和祖先。

三朝時拜神明，用壽金、刈金、福金；拜祖先用刈金、銀紙；拜床母用床母衣或加刈金。報酒時，要敬告女方家神明和祖先，所攜帶的金銀紙亦同前。

該日供祭拜的牲禮，雞腳要打直，不可像平日祭拜時，將雞腳折彎在雞腹內，這是因為希望孩子將來身體長得健壯，寓有「腳長有食福」的意思。此外，當天敬神時，酒也要一次斟滿，不可像平日祭拜時分三次倒，這是希望孩子將來不會時常四處撒尿，而能有一次尿完的好規矩。

三朝之禮時，產婦在當天要吃「壓腹雞」，需一個人完全吃完，不可分給他人吃，因為壓腹雞是要讓產婦的腹部復原的食物。如果產婦生男孩，則吃雞鸞（年輕的母雞），生女兒則吃雞角（年輕的公雞）。該天也是開始餵母乳的日子，但有的人會提早開始哺乳。嬰兒開始吃母乳前，家人會先餵青草水或蜜水（砂糖水）。

❷ 剃髮

當孩子出生約十二天、或二十四天、三十天時，可任擇一天為孩子舉行剃髮，當天孩子要首度正式的「剃髮」將其胎髮剃掉，家人要在理髮前先在水中準備三顆小石頭、十二文

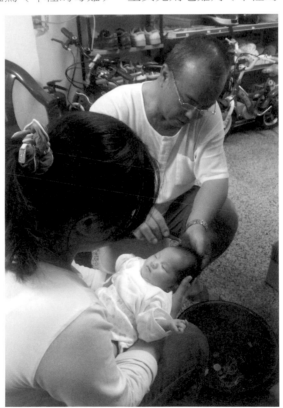

嬰兒滿月家長幫忙剃髮／楊宗祐攝

銅錢、一根蔥、十二個染紅的雞蛋鴨蛋。當剃髮後，再將紅蛋在頭上滾三次，取「紅頂」、「升官」之意；蛋黃與蔥混合塗抹頭髮，有去污、聰明之意；小石取健壯之意；銅錢取財富之意。但也有請人來家中為孩子剃髮時，只準備石頭，意寓孩子將來膽量如石；並以水煮雞蛋，讓雞蛋在水中保持漂浮狀態，意寓孩子將來較好笑神（較有笑容），易獲好人緣。

❸ 滿月

產婦生產後，一個月內不許外出，怕遭風邪，家事少做，家人要悉心照料她的身子，稱為「作月內」，直到孩子出生滿一個月的「滿月」後，產婦才能出來做家事。孩子滿月時，要準備油飯、雞酒等祭拜神明和祖先，而產婦的娘家則要準備許多嬰兒的衣物來「送頭尾」，包括嬰兒從頭到腳所穿的衣物，有帽子、衣服、鞋襪等，衣服背領還繡有「卍」字紋，並且還要特別準備金鎖片、銀鎖片、長命鎖為嬰兒掛𦫴，希望小孩將來能夠辟除關煞長命百歲，還有手鐲、腳鐲等飾品給孩子作紀念。此外，還要送來一對蠟燭和紅龜粿。至於嬰兒的父母，則準備油飯、米糕，或是酥餅、湯圓等食物，做為回禮。

孩子生產滿一個月，拜神明時，要準備油飯、雞酒、水果（如香

滿月油飯和紅蛋／謝宗榮攝

嬰兒滿月時除了油飯，還有產婦的娘家幫嬰兒準備全身衣物「送頭尾」／楊宗祐攝

蕉、蘋果、龍眼　橘子）、紅龜粿、酒
等；拜祖先時，可準備油飯、
雞酒、水果、紅龜粿等。
拜神明，用壽金、刈金、
福金；拜祖先用刈金、銀
紙。

　　當天孩子會由祖母
或母親抱到附近，一
面追雞，一面用竹竿
打地，一邊唱著「喊
老鷹」的歌謠，若
是生男孩則唱著：
「老鷹（la⁷ hjo¹）老
鷹飛上天，孩子快做
官；老鷹飛高高，孩
子中狀元；老鷹
飛低低，孩子
快作爸。」若是生
女孩則只喊「老鷹
老鷹」即可。

中國陝西的虎頭帽／謝宗榮攝

滿月時闔家歡欣，新生兒被贈金飾和紅包／李燦郎攝

96

傳統的鴟鴞帽／謝宗榮攝

中國陝西的虎頭鞋／謝宗榮攝

滿月時外家送給新生兒的虎衣虎帽虎鞋／謝宗榮攝

❹ 作四月日

當孩子出生滿四個月時，外家會慎重準備豐盛的「頭尾」和紅桃來祝賀，「頭尾」包括送給嬰兒從頭至尾的穿著及身上金銀飾品的裝飾物，嬰兒的父母也要準備相關供品來祭拜與感謝神明和祖先的庇佑，稱為「作四月日」。當天祭祀神明後還要為嬰兒「收涎」，即以酥餅、糖餅或鹹光餅數個，通常是十二個或二十四個，用紅線或黑線串在一起，掛在嬰兒的胸前，由母親抱到親友家，讓長輩剝開酥餅，在嬰兒嘴邊揩抹唾液，並唸著吉祥字句：「收涎收乾乾（ta^1

作四月日的幼兒坐壽桃以祈福氣長壽／謝宗榮攝

ta^1），給你老母後胎生卵葩；收涎收離離（li^7 li^7），給你明年招小弟。」

當嬰兒滿四個月，拜神明時，以牲禮、紅壽桃、紅龜粿、酥餅、

郝龍斌市長給四月日的幼兒收涎／謝宗榮攝

水果來祭拜；拜祖先時，則用剖開的牲禮、便菜飯、壽桃、紅龜粿、酥餅、水果。拜神明，用壽金、刈金、福金；拜祖先用刈金、銀紙。一般親友會在該日送禮祝賀，主人則以紅桃作為回禮。主人家準備的紅桃為正紅色，外婆家送的為桃紅色，也有讓幼兒輕輕坐四月桃，並說吉祥語：「福桃金福氣，乎你平安大富貴」，有取福氣富貴長壽之意。

❺ 作度晬（周歲）

當嬰兒誕生滿一周歲時，俗稱「度晬」，要準備供品敬拜神明和祖先，以示感恩和祈求庇佑，俗稱「作度晬」。並會讓幼兒「踏度晬龜」，即置兩只麵龜於孩子的腳下，由父母抱起輕輕踏一下，並由長輩口誦吉祥話：「踏龜膨膨大，乎爾平安敖大漢」或是「雙腳踏膨龜，乎爾聰明敖讀書」。

周歲幼兒雙腳踏膨膨龜膨膨大 / 李秀娥攝

古俗若是生男嬰，家人會在當天於竹篩內放置十二樣東西，如書（主讀書人）、印（主當官）、筆墨（主書畫家）、算盤（主從商）、錢幣（主富貴）、雞腿（主食祿）、豬肉（主食祿）、尺（主從工）、斧（主林業）、蔥（主聰明）、芹菜（主勤勉）、田土（主地主）、稻草（主農業）、秤（主從商）等給孩子抓取，看他喜歡抓哪一樣，以便預測孩子將來長大成人的發展志向，此稱為「抓周」，古俗若是生女嬰則不作「抓周」之俗。但是現代社會則男女平等，不論男女孩，都可行抓周之俗了，並會加上現代的科技產品，如聽診器（主當醫師）、計算機（主從事金融業）、

穿戴虎帽虎鞋的小女孩抓周時握住筆，未來會有好文采／李秀娥攝

周歲抓周試未來志向的物品／謝宗榮攝

麥克風（主擅演講、口才好、會唱歌）、手機（主從事科技業）、樂器（主當音樂家）等。而外家仍在當天送來豐厚的衣帽鞋「頭尾」禮來給嬰兒作賀禮；嬰兒的父母則以紅龜粿餽贈親友和鄰居。

當嬰兒滿一歲，拜神明時，就以牲禮、紅龜粿、酥餅、水果來祭拜；拜祖先時，則用剖開的牲禮、便菜飯、紅龜粿、酥餅、水果。

抓周中手持毛筆預測未來擅書畫的小女娃 / 謝宗榮攝

許多幼兒參與林安泰古厝新生祝福抓周活動 / 李秀娥攝

❻ 掛絭（作契子）

由於孩子誕生後，父母長輩擔心孩子會生病、夜裡啼哭不止、受驚嚇睡不好等，所以會在七娘媽神誕（即七夕）時，或是到村里裡的著名廟宇向神明（如觀音媽、夫人媽、榕樹公、榕樹媽等）祈求平安的絭牌或絭錢來掛，絭牌是銅牌或是銀牌，上面刻有神明神像、神明尊稱、太極八卦或相關護符等；絭錢為

石頭公的長命護身絭錢／謝宗榮攝

古制圓形貫錢，中間有打洞，以紅絲線繫在孩子的脖子或手腕上，稱做「掛絭」；每年七娘媽生或是神明生時，再換新的紅絲線，或是新的絭牌或絭錢，稱為「換絭」，直到孩子滿十六歲時，再於七娘媽生或神明生時謝掉絭牌或絭錢，稱為「脫絭」。多數信眾同時會將孩子給神明作契子並填契書為憑，希望神明保佑孩子日後能夠順利平安長大成人，直到滿十六歲時，再備供品來答謝神明的庇佑，並將契書火化，稱為「謝契書」。

傳統的銀製麒麟送子絭牌／謝宗榮攝

傳統銀製釉彩的長命富貴絭牌／謝宗榮攝

長命富貴絭錢／謝宗榮攝

換紮錢以供品祭拜神明 / 謝宗榮攝

祭拜後掛著平安紮牌的小女孩 / 謝宗榮攝

掛著平安富貴紮牌的小孩 / 謝宗榮攝

❼ 拜七娘媽

　　每年七娘媽生農曆七月七日的七夕時，信眾於傍晚上香；或神明生時，到廟裡上香。拜七娘媽時，供桌設於大廳的屋內門口處，向內拜；或是到廟宇上香敬拜。拜七娘媽時，準備一座七娘媽亭（紙糊燈座），放在供桌中間代表七娘媽的神尊，或是準備一張七娘媽

台南施元興紙店之七娘夫人圖／謝奇峰攝

　　的神褚貼在供桌前緣中間，再特別拿毛巾臉盆來給七娘媽梳洗用，並備有供品各七份，主要是湯圓七碗，每個湯圓中間再壓一個凹洞，湯圓有象徵「一家團圓」之意，壓一個凹洞即為了盛裝織女娘娘與牛郎一年一度才得相會所流下來感傷的眼淚。還有油飯、麻油雞、雞冠花、薊花（俗稱圓仔花）、鳳仙花、茉莉花、胭脂、椪粉、紅

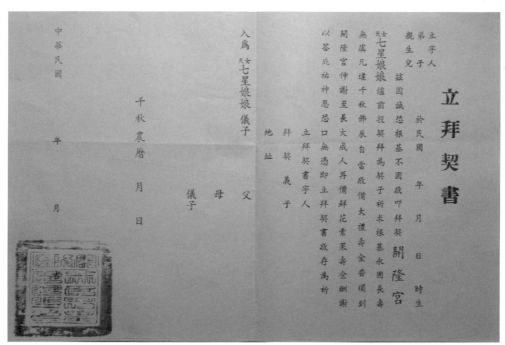

立拜契書

立字人

觀生兒 第子 　弟　子

於民國　年　月　日　時生

女七星娘娘　　緣前投契拜為契子祈求根基永固長壽
茲因誠恐根基不固敬叩拜契　開隆宮
天　　　　　　　無虧凡遇千秋佛辰自當敬備大禮壽金香燭到
以答成祐神恩恐口無憑即立拜契書敬存為祈
開隆宮伸謝至長大成人再備鮮花素果壽金酬謝
拜契義子
地址
立拜契書字人

女七星娘娘　儀子
入鳥　天

千秋農曆　　月　日
父
母
儀子

中華民國　年
　月

台南市開隆宮七娘媽契子書／謝宗榮攝

絲線、香帕、扇子、鏡子等。並敬獻娘媽襖（或稱鳥母衣，同床母衣）
七只、壽金、刈金等。

⑧ 拜床母

　　由於民間俗信每個孩子誕生後，都會有床公、床母在保佑與照
顧，古代傳說文王有百子，故文王夫婦即成為民間祭拜的床公與床
母，但一般僅以女性的「床母」做為代表。當孩子出生三天後，便
要祭拜床母，告知此家庭已新誕生一位嬰兒，請床母日夜保佑，使
孩子能夠睡得安穩，吃得好，快快長大成人。古代孩子生病時，或
重要的年節，例如：每月初一、十五等，都有祭拜床母的習慣，但
後來祭拜方式日趨簡省，所以一般有孩子的信眾是在每逢農曆七月
七日七娘媽生時，再一起於客廳祭拜床母。

　　拜床母的時間是每逢重要年節或初一、十五時，或是在七娘媽
生時的傍晚拜床母。供桌會設在臥房床上，或在床頭另加一張小供
桌；或是點香呼請床母到客廳和七娘媽一起讓信眾祭拜。以油飯、
雞酒為供品，敬獻刈金、床母衣。

成年禮
Rites to Adulthood

轉大人的階段

在傳統社會的習俗上，當孩子經歷一連串的生命禮儀而融入所屬的社會時，家長也深深期望孩子日後能夠通過不同階段的大小病魔或意外考驗，得以平安順利的長大成人，甚至結婚生子，使得生命的循環與意義能夠彰顯出來，又因為成長過程中，有許多不確定的因素考驗著孩子的健康與否，因而許多家長莫不祈求超自然神祇的特別護佑。所以從孩子順利長大成人到結婚生子，都是難能可貴的生命階段，因此有「成年禮」這個特別的生命禮儀習俗產生，這裡介紹「作十六歲」和「十六歲謝天公」於下。

台南市開隆宮的七娘媽 / 謝宗榮攝

一 作十六歲

在傳統社會上，人只要屆滿十六歲，就被視為成年

七娘媽的神禡 / 謝宗榮攝

了，故而當孩子受神明庇佑到十六歲時，家長便會帶著孩子準備相關的供品，於七娘媽生時，或是受特別庇佑的神明生時，有的長輩帶子女作為神明的契子女，即拜神明為誼父或誼母（同義父義母）者，如認王爺神、石頭公、榕樹公為誼父，認七娘媽或夫人媽、媽祖、觀音菩薩、石母為誼母，信眾便會在神明神誕日時，到廟宇敬拜感謝神明多年來的庇佑，使孩子平安順利長大成人，舉行「作十六歲」的成年禮。

台南安平民家作十六歲家長斟酒／謝宗榮攝

台南開隆宮

著名的台南市開隆宮主神七娘媽，自清代以來每年都有信眾前來參與該廟舉行的作十六歲成年禮，近代發展成集體對神明及父母誦唸感謝狀。

來到台南最著名七娘媽宮廟開隆宮「作十六歲」。

台南市崇福宮成年禮青少年唸感謝狀 / 謝宗榮攝　　台南市開隆宮成年禮正唸感謝狀的青少年 / 謝宗榮攝

滿十六歲的孩子躦過狀元亭，象徵出娘媽宮 / 謝宗榮攝　　父母合持七娘媽亭讓剛成年之子躦過 / 謝宗榮攝

台南式七娘媽亭／謝宗榮攝

躦亭

拜七娘媽時，有些地方的居民會準備一座七娘媽亭，讓孩子躦過七娘媽亭，男轉左女轉右，連續三次，表示孩子已成年，從此可以「出娘媽宮」或「出婆姐宮」，不用再受到七娘媽或婆姐等的特別照顧。

準備七娘媽亭讓孩子躦亭，從此「轉大人」長大成人。

準備豐盛的供品

鹿港地區當孩子未滿十六歲前，每年七娘媽生時，家長仍敬備華麗紙糊的七娘媽亭一座，以及豐盛的供品，有麻油雞酒、油飯、牲禮、湯圓、水果、金紙等來祭拜，直到孩子滿十六歲為止。其中湯圓中間會特別凹下一個洞，意即要裝織女娘娘與牛郎每年難得相會所流下的傷感的眼淚。

準備豐盛的供品，祭拜看顧小孩成年的七娘媽。

鹿港拜七娘媽湯圓凹一洞，好裝牛郎織女相會時的眼淚／李秀娥攝

鹿港拜七娘媽／李秀娥攝

敬拜七娘媽

當孩子滿十六歲後的七娘媽生時或拜誼父（義父）和誼母（義母）的神明生時，在家中拜七娘媽者，可將供桌設於屋內近門口處向內拜；其餘可於神明生時到廟宇上香敬拜。

在家敬拜七娘媽，上香祈福。

敬神供品

若敬女性神，可準備香花、牲禮、水果、椪粉、胭脂、鏡子、紅絲線等，若敬男性神，可準備牲禮、水果即可。拜七娘媽用娘媽襖（鳥母衣）、壽金、刈金。敬其他神明用大箔壽金、壽金、刈金。

以隆重的花果牲禮準備即可。

「脫絭」

作十六歲時，也取下孩子每年身上固定要掛保平安用的絭牌，從此不用再掛絭，稱為「脫絭」。由於傳統上許多家庭會讓孩子成為某某神明的契子孫，所以當天還要將存放廟裡或家中神龕的契書取出火化，稱為「謝契書」。

「脫絭」取下絭牌，從此告別毛頭，長大成人，健健康康。

行成年禮的青少年與豐盛祭品／謝宗榮攝

敬獻給七娘媽的胭脂花粉梳鏡／謝宗榮攝

敬獻給七娘媽的薊花（千日紅）／李秀娥攝

110

二 十六歲謝天公

有些家長在孩子出生後身體不適或較難養育時，會向玉皇上帝（天公）和三界神明許願：當孩子能夠平安順利長大到成年（滿十六歲）或結婚時，必定準備豐盛的供品來答謝。所以若孩子真的如願順利長大成人時，家長便選定吉日吉時延請道士誦經讀疏文，並備妥豐盛的供品，正式向玉皇上帝和三界眾神明祝禱，尤其是上蒼玉皇上帝（天公）、東嶽大帝或地藏王菩薩，以及七娘媽等，感謝眾神明多年來的護佑平安，同時延請道長進行進天曹、落地府的儀式，此即俗稱的「謝天公」。舉辦的時間多在七夕或在月德日、天德日等吉日的凌晨子時，準備頂桌和下桌（或前後桌）設於庭院向天處祭拜，並在頂桌兩旁繫上頭帶尾青的甘蔗，另外將三只代表天公的天公座（燈座）擺在頂桌中間，中央再擺上香爐，爐之兩旁備好燭台。鹿港居民則以一只或頂桌四只紙糊燈座代表天公座，即天公一座和三界公三座，而下桌為六座紙糊燈座，有南北斗星君和其他眾神。

至於拜天公的供品，頂桌和下桌的特色也不同，頂桌獻給最尊貴的天公，以清素的齋品為主；下桌獻給天公的部屬之神明，因而以五牲等葷食為主。頂桌得先點上一對蠟燭，並在爐前擺上三只茶杯，斟上清茶，五只酒杯，斟上酒；而頂桌的清素供品，一般為紮上紅紙的麵線三束、五果、十二齋，南部地區盛行加上糖塔五秀（五種瑞獸）、糖盞等。下桌的葷食供品為五牲，由於拜的是尊貴的天公部屬，所以牲禮多強調生而全的，只要稍微燙熟即可；此外，還有紅龜粿、甜料等；下桌兩旁則另置兩張供桌各放一隻全豬和全羊。

獻給天公的金紙主要是天公金，包括天金、大箔壽金、壽金、刈金、福金、高錢（長錢），以及天庫、補運錢等，其中高錢可撕開拉成長條狀，掛於頂桌旁的甘蔗上，或是掛於全羊、全豬的牲禮上，同樣兼具裝飾性效果的獻敬。

法師正執行十六歲謝天公的儀式，信眾並敬獻全豬全羊／李燦郎攝

婚禮

Rites to Marriage

結婚大禮

在傳統社會的習俗上，當孩子經歷一連串生命禮儀，融入所屬的社會後，家長也深深期望孩子得以平安順利的長大成人，通過成年禮的關卡，到了準備結婚時，更是生命過程中一個相當重要的階段。這一段長大成人到結婚生子的過程，顯示延續生命代代相傳，意義非常肅穆。

中國傳統的婚姻禮俗有所謂的六禮：即「納采」、「問名」、「納吉」、「納徵」、「請期」和「親迎」，而古代六禮約形成於周代，完備於漢代[6]。而清代呂振羽《家禮大成》記載結婚六禮已有變更，為「問名」、「訂

現代結婚的新人都會拍婚紗照留念／林偉鈞攝

盟」、「納聘」、「納幣」、「請期」和「親迎」。隨著時代進步，民眾有將複雜隆重的婚禮逐漸簡化的趨勢，僅有極少數的新人才會採取傳統民俗的婚禮。

藉由婚禮的舉行，一對新人從此以另一種社會身分面對親友與社會，所以有特別的婚姻禮儀習俗的產生，其進行的步驟大致如下：婚前禮之「議婚」、「問名」、「換庚帖」、「訂盟」、「訂婚」、「送日頭」、「安床」、「結婚謝天公」，正婚禮之「親迎」、「辭祖」、「出轎」（下車）、「拜堂」、「食圓和食酒婚桌」，婚後禮之「出廳」、「歸寧」等。上述為民眾普遍盛行的傳統婚俗，此外，尚有少數的「入贅婚」與「冥婚」習俗。

古式婚禮中著大紅禮服的新人／李燦郎攝

一 婚前禮

❶ 說媒、議婚

昔日傳統社會男女雙方的婚事，多賴媒婆的幫忙介紹，或是哪家的男子看上哪家的姑娘，便會央託媒人攜帶一隻雁當賀禮，去女方家說明來意並探聽消息，一旦女方父母覺得門當戶對，便會收下禮物，應允繼續談下去。期間得靠媒婆耐心的對男女雙方情況的掌握與說項，才能逐步促成婚事。有些地方雁較難找，則以鵝或雞來替代。倘若女方事後探聽對男方感到不滿意時，便需趕緊退還禮物。

近代因社會風氣大開，盛行自由戀愛，所以往往是請現成的媒人到女方家提親。

❷ 問名、換庚帖

男方在徵得女方同意聯婚後，接著便進行「問名」、「提字仔」或「討生時」的步驟，問得男女雙方的姓名八字等，即為「問名」。首先男方將男子的生辰八字（生庚），以及三代祖先的姓氏、名諱、籍貫、里居、曾任職務及經歷寫在紙帖上，由媒婆交給女方。女方接到庚帖後，也依例將寫著女子的生辰八字及三代祖先之姓氏、經歷等庚帖交給媒婆轉交男方。雙方再將對方的庚帖，先壓在祖先牌位前的香爐下，問卜得吉時，再放在神桌上向家中神明請示，若三天內家中一切平安無事，無吵架、被竊、打破碗盤等事發生時，則屬吉兆，婚事可繼續談下去，這便是古代六禮之一的「納吉」，現代有些家庭則不再實行此項習俗。若三天內不幸發生不祥的壞兆頭，則要趕緊退還對方的庚帖。

❸ 訂盟、訂婚（小聘、小訂、大聘、大訂、完聘）

男女雙方家長將新人的八字庚帖向神明祖先請示吉兆後，也請命相師核算過，若無相剋情事，男方再請媒婆至女家報詢，並商量訂婚之事。後來演變成「小聘」，男方得備鵝、豬肉、衣帛、簪飾、聘金等禮物到女方家議婚，女方於收受聘禮、聘書後，需以帽子、

鞋子及文房用品作為答禮，所有物品供在廳堂向神明祖先祭拜後，交付紅包與媒婆，並將回聘物品及答聘書置於轎中，扛回男方家，雙方婚約即訂定完成。

　　男女雙方有意結成親家，即六禮中的「納吉」、「訂盟」（俗稱送定、文定、小聘、大聘），昔日「訂盟」有分大訂（大聘）和小訂（小聘），也就是分兩次贈送聘禮到女方家，後來民眾多簡化婚俗，一併舉行，俗稱「訂婚」。昔日小訂時，多選在

訂婚時男方送來的禮品和半邊豬腿等／謝宗榮攝

偶數的月份，由男方家長或委託媒婆送一對金戒指、小訂聘金、檳榔、冰糖、酥餅等禮物到女方家，待女子掛上戒指，小訂便完成了。而大訂即「完聘」，會較隆重些，聘禮有酥餅、戒指、文針、耳環、聘金、冬瓜糖、冰糖、米粩、鴛鴦糖股、檳榔、半隻豬或一隻豬腳、鰱魚兩尾、酒、禮炮、壽金等。禮品裝在轎中，由男方親友及媒人送到女方家。

　　近代訂婚的聘禮多半是：半豬或豬腳、禮餅、麵線、桂圓、冬瓜糖、柿餅、粿盒、羊、喜酒、紅綢、黑紗綢、金花、金手鐲、戒指（一金一銅）、耳環、衣料、聘金、大燭、炮、禮香、茇花、蓮蕉花盆、石榴桂花等。蓮蕉花盆、石榴桂花取其連留貴子、多子多孫的吉兆。

　　也有人強調備十二件訂婚禮品，即六色禮再加六項湊成十二項訂婚禮品，六色禮則包括（1）大餅（即漢餅）、盒餅（現在多為西式喜餅）；（2）米香餅（強調「吃米香嫁好尪」）；（3）禮香（用

無骨透腳香）、禮炮（用大鞭炮和大火炮）、禮燭（成對的龍鳳禮燭）；
（4）四色糖（即冬瓜糖、冰糖、巧克力糖、桔餅等，象徵新人會甜
甜蜜蜜）；（5）聘金（含大聘和小聘）；（6）新娘的衣料和首飾（衣
料以討喜的紅色為主，金飾包括項鍊、手鐲、戒指、耳環）。另外
再加的六項禮品則包括（1）豬（全豬或半豬，或以豬腿代表）；（2）
喜花（蓮蕉〔招〕花、石榴花）；（3）桂圓（福圓）；（4）閹雞、

訂婚時男方正在搬運送來的禮品／謝宗榮攝

訂婚的金飾、戒指、手鐲、項鍊／謝宗榮攝

母鴨；（5）麵線；（6）酒。有些人訂婚時慣用的六色禮則是：（1）
聘金首飾；（2）禮香、禮炮、禮燭；（3）四色糖；（4）斗二米、
福圓、糖仔路、伴頭花、洗手雞（即牲禮雞一隻）、酒；（5）火腿、
麵線；（6）好酒（如紹興酒）二十四瓶。

　　完聘時男方裝在檻盒的聘禮，一般有六個或十二個檻盒的聘禮：

　　第一個檻盒：放禮帖（記明聘禮中所有福物的項目與品名）、婚

訂婚喜餅有大餅、盒餅、米香餅／謝宗榮攝

訂婚的大餅／謝宗榮攝

書（乾書）、聘金、金鐲、戒指。

第二個檻盒、第三檻盒：放置喜餅（大餅、盒仔餅、米香餅等）

第四個檻盒：放置龍眼乾（福圓）、四色糖（冰糖、冬瓜糖、巧克力糖、桔餅）等象徵吉祥的果物共兩份。

第五個檻盒：放置閹雞和鴨母兩隻、兩份金炮燭香（禮香、金紙、龍鳳喜燭、禮炮）。

第六個檻盒：以前放新娘盤頭裘裙（現放現代連身洋裝）、鞋子、豬肉、禮酒等。

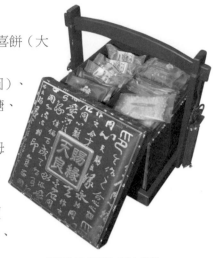

訂婚的西式喜餅／謝宗榮攝

若是共十二個檻盒，其餘六個檻盒就隨人放置了。[7]

雙方在完成點交聘禮後，未來的新娘穿禮服出來敬茶，男方親友以紅包壓茶甌。接著進行戴訂婚戒子的儀式，戒指一金一銅以紅線繫住，取其永結同心之意。訂婚戴戒指時，女方會交待女兒不要讓新郎直接戴到底，手指要稍微彎曲一下，以免將來被新郎壓到底；有些地方則有新郎要一手交一個紅包給新娘，並在新娘的手上戴上戒指。若訂

訂婚時新郎正為新娘戴上戒指／謝宗榮攝

118

訂婚時新娘向男方親友敬茶，新郎以紅包壓茶甌 / 謝宗榮攝

婚聘禮中有福圓（龍眼乾）、閹雞、鴨母和豬腳時，女方得當作回禮如數送還男方，這是分別象徵女婿的眼睛（指福圓）和男方的福氣等，所以女方必須奉還。也有女方的習俗強調只取兩顆福圓讓新娘吃下，意寓吃下新郎的眼睛，新郎以後不會亂看別的女人避免日後變心。

戴訂婚戒指儀式後，女方將禮物、禮餅供在神桌上，婚書則置於祖先牌位前，以男方

訂婚時以無骨透腳香的禮香稟告神明 / 謝宗榮攝

送來的無骨透腳香上香敬告女方家的神明和祖先此文定的喜訊，待女方宴請雙方親友午宴後，退回部分禮品，特別是豬肉的腿部，意寓女方只吃男方的肉，不啃其骨，並贈送男方相關禮品十二項，如西裝料一套、襯衫一件、帽一頂、皮鞋一雙、皮帶一條、領帶、鋼筆、皮包、手錶、木炭、棉條、蓮蕉石榴各一棵；狀元糕、以及婚書等。

女方回禮的情形有的如下：將珠寶盒（手錶、金飾、退回的聘金）及回贈男方的禮品擺入原本裝有男方所攜來的聘禮的空紅木盒內（即檻中），再將男方送來的禮香、禮炮、禮燭與禮餅裝在一個空紅木盒，傳統式的回禮則包括肚圍、鉛錢、鉛粉、五穀種子、生炭、燈蕊、棉、袋仔絲、紅糖，以及兩顆福圓等等亦裝在紅空木盒內，部分四色糖、豬腳、閹雞與鴨等也一併「回檻」。男方如果有送伴頭花，女方則需回送石榴、桂花的盆栽，以紅紙覆土，上面放著吉數錢幣數枚，以表瓜瓞綿延，多子多孫多福氣。肚圍則有祝福新郎官運亨通，鴻圖大展之意；鉛錢、鉛粉（「鉛」的閩南語同「緣」）和紅糖表示新娘將來嫁到夫家會得到好人緣；生炭象徵繁衍興旺；而五穀種子、燈蕊、棉絮（生育時擦斷臍之處）、袋仔絲（苧，生育時綁斷臍處之用）等也有象徵子孫繁衍，瓜瓞綿延之意。

有的地方習俗是女方舉行訂婚喜宴，主要宴請女方親友；有的則是女方訂婚不請客，直到歸寧時才宴客親友；也有其他地方是留待結婚時再一起宴請男女雙方的親友。

在訂婚午宴時，有一項習俗要特別留意，那就是有些北部和中部的民眾，有習慣男方新郎和親屬在出菜吃到倒數第三道魚上桌後，

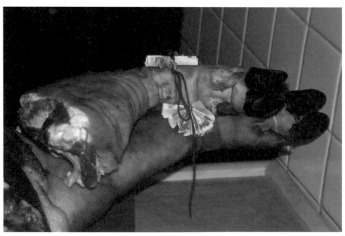

訂婚時女方將象徵福氣的豬蹄退還給男方／李燦郎攝

男方便需提前默默離席，甚至不可與女方親屬說「再見」，此有表示男方的厚道，不會將女方吃到底的意思。

宴後男方將壓檻物攜回時，男家需鳴炮恭迎，並將女方婚書供於祖先牌位前，上香敬告神明及祖先已完成訂婚的喜訊。

近代的訂婚喜餅，一般多採男方出錢，由女方自行採購，只要雙方事先言明需要多少錢便可。所以訂婚後，女方便會將訂婚喜餅分贈親朋好友，而親友則在收到喜餅後，陸續送來結婚禮物或禮金，或是在參加結婚喜宴時贈送禮物或禮金，以為祝賀。

「完聘」亦即大聘、大訂，指所有的聘金都已送完，是為完聘。昔日較為複雜，後來有的會將完聘與訂婚合併辦理，有的則是與迎娶合併，稱為「完聘娶」。慎重些的人家會在完聘的前一天舉行謝神儀式，即是「結婚謝天公」。

結婚謝天公新郎與家屬跪地虔拜 / 謝宗榮攝

❹ 送日頭（請期）

當訂婚後，媒婆由女方家取得坤書送至男方家，男方便依婚書上記載的新娘的八字，送請命相師選定裁衣、挽面、安床、迎娶、上轎、進房等時刻。迎娶的日期寫於紅紙上及覆日禮（給女方覆驗迎娶日期的紅包），託媒婆送到女方家，稱為「送日頭」，又稱「送日課」。近代為了省事則在訂婚時一起送日頭，傳統習俗中也有男方在送日頭時，備妥「日頭餅」送給女方，再次分贈親友，好提醒

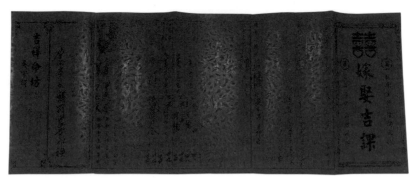

經擇日師所批選的結婚吉課／謝宗榮攝

他們別忘了喝喜酒的日期。

古代婚俗有裁衣作「上頭衫褲」，到壽終時再穿之事，現今已不穿舊式禮服，故少有裁衣之俗。昔日女子結婚前挽面是很慎重的，需請福壽雙全的婦女利用棉線與椪粉，為其挽面，也稱為「開面」，現在已很少人挽面，卻多到美容院作臉按摩保養護膚。

媒人除了送日頭日課表之後，也要將日頭餅（即大餅、或稱漢餅）和米糖、「金、香、炮、燭」四樣與「蓮蕉芋、五穀仔、生鐵、炭」四樣（此有興旺夫家子孫傳衍之意）送到女方家，稱為「送日頭」。米和糖本要給女方做湯圓用的，現代人多改為現金紅包取代。台灣南部地區的人，也有用豬腿、冬瓜茶、茶葉禮盒、一對紅色蠟燭、及覆日禮來送日頭的。「覆日禮」是要給女方家長另外聘請信賴的擇日命理師重覆檢驗適合嫁娶日期的紅包。所以「送日頭」請期的婚俗，也被稱為「乞日」，男女雙方也都要送紅包給媒人。

送日頭當天女方再請媒人吃午宴，收下豬腳肉，但一樣將豬蹄連腿退回，豬蹄代表男方家的福份，女方謹守禮數，只吃男方送來肉，不會啃代表男方福份的骨頭。女方另備送給新郎的衣料如襯衫、領帶等，但不可送腰帶、皮鞋，每種禮物要取雙數，有成雙成對之意，以求吉祥吉利。

女方對於男方送來的迎娶的日子要確實核對一下，要避開新娘未來的生理期，若是不巧會遇上新娘的生理期時，可將迎娶日提前一點或延後，這還需再請命理師慎重擇日檢驗一下。

「日頭餅」即大餅，也稱漢餅，主要都是葷的，但是也有因應茹素家庭的需要，所以也有做成素食的大餅，葷的日頭餅有蛋皮豆沙滷肉、蛋皮豆沙肉脯、蛋皮豆沙芋頭肉絲、蛋皮鳳梨等口味；素的則有傳統古早味大酥餅、酥皮香菇素脯等口味。照傳統習俗而言，

自送定、完聘、到送日頭，男方家共需送三次餅，所以禮餅是很重要的禮物。

❺ 安床

男方於結婚前擇一吉日，佈置新娘房添置新床，稱為「子孫床」，並行「安床典禮」。需備茄芷、

安床用的發糕與藤圈，象徵子孫繁衍發達同心團結／謝宗榮攝

草席、被褥、米、銼（指生鐵，音se-a⁷）、炭、蕉、梨、芋、桔、紅圓、發粿、桶蒄、大燈等，在擇定好的時辰內放置床上，約一小時，撤走後，在床上再張貼一張寫著「鳳凰到此」或「麒麟到此」的黃色令符。再請一位屬龍的小男孩在床上翻滾，並誦念「翻過來，生秀才，翻過去，生進士」的吉祥語句，之後則備供品祭拜床母。結婚前一晚，再請屬龍的男孩陪新郎睡在新床上，謂之「煖房」或「壓床」，取其象徵避免讓新郎以後守空床，以及可以早生貴子的意義。

安床用祈子的麒麟符／謝宗榮攝

安床用的黃豆、犁頭銼與黑炭，象徵食糧富足多子多孫／謝宗榮攝

❻ 結婚謝天公

　　有些傳統的家長（特別是泉州籍者）在男孩子出生後身體不適或較難養育時，會向玉皇上帝（天公）和三界神明許願：若男孩子能夠平安順利長大到成年結婚時，必定準備豐盛的供品來答謝。所以多年後，當孩子如願順利長大且找到合適的對象，就在結婚的前夕或完聘的前一天，選定吉時延請道士誦經讀疏文、並備妥豐盛的供品，以及加演嘉禮戲（傀儡戲）或大戲，正式向玉皇上帝和三界眾神明祝禱，感謝多年來護佑平安，此即俗稱「結婚謝天公」，也稱「謝神」。女方在男方謝神當天需備十二色禮品，用檻扛送道賀，男方只可收前六色，後六色必須退回，十二色的禮品包括：喜幛、喜燈、禮香、禮燭、禮炮、戲彩、發盆、禮酒、桃盞、燻腿、鹿肉、燕窩等，稱為「賀謝神」。若收入戲彩，則必須加演大戲以為答謝。

　　祭拜多在新郎準備結婚的前夕，約結婚當天凌晨子時舉行，祭拜完後稍事休息便準備出發前往女方家迎親。準備頂桌和下桌（或前後桌）設於庭院向天處祭拜；並在頂桌兩旁繫上頭帶尾青的甘蔗，並準備三只代表天公的天公座（燈座）擺在頂桌中間，而彰化鹿港地區則盛行頂桌擺放一座天公燈座，或是四座天公座，一座是玉皇、三座是三界公；鹿港地區下桌則擺上六座燈座，包含南北斗星君、眾神等。頂下桌中央再擺上香爐，爐之兩旁並備好燭台。

　　至於拜天公供品，頂桌和下桌的特色也不同，頂桌獻給最尊貴的天公，以清素的齋品為主；下桌獻給天公的部屬之神明，因而以五牲等葷食為主。頂桌得先點上一對蠟燭，並在爐前擺上三只茶杯，

斟上清茶，以及五只酒杯，斟上酒；而頂桌的清素供品，一般為紮上紅紙的麵線三束、五果、六齋或是素菜碗十二樣，而南部的民眾還盛行供糖塔、糖盞等。下桌的葷食供品為五牲，由於拜尊貴的

結婚前夕謝天公法師恭讀疏文，新郎與家屬正在隨拜／謝宗榮攝

天公之部屬，所以牲禮多強調生而全的，只要稍微燙熟即可；此外，還有下桌還可供紅龜粿（因紅龜為獸類，不可供在頂桌）、甜料等。下桌兩旁則另置兩張供桌，各放一隻全豬和全羊。

　　獻給天公的金紙主要是天公金，包括天金、大箔壽金、壽金、刈金、福金、高錢（長錢）等，其中高錢可撕開拉成長條狀，掛於頂桌旁的甘蔗上，或是掛於全羊、全豬的牲禮上，同樣兼具裝飾性效果的獻敬。

結婚謝天公新郎正在斟酒／謝宗榮攝

豐盛的結婚謝天公祭品／謝宗榮攝

二 正婚禮

❶ 親迎

　　有些地方，會在結婚
前幾天，擇吉日由男方先將
完聘的禮品扛送到女方家供
女方祭祖用，也有簡省結婚程
序而在結婚當天才一起送去女
方家的，稱為「完聘娶」。所以
完聘時要準備金香燭炮各兩份，
豬、羊、雞、魷魚、皮蛋、麵線、
罐頭、酒、禮餅、喜糖、冬瓜糖、
戒指餅（檳榔和冰糖）等取雙數，
以偶數的方形長木盒（櫃）裝著送到女方家。

男方迎親時的禮炮籃／謝宗榮攝

　　昔日親迎之日，男女雙方都張燈結綵，吉時一到，新郎連同親友
湊成偶數，率鼓樂、儀仗、彩輿前往女方家迎娶新娘。現代迎娶則少
用花轎，普遍改成以新娘禮車迎娶。新娘則一早便化好妝，穿上新
娘禮服，古時穿代表喜氣的大紅鳳冠霞披，民國以後因為受到西方
結婚服飾文化的重大影響，多以穿著象徵純潔的白色結婚禮服為主。

女眷正為待嫁新娘插頭花／謝宗榮攝

鹿港施麗梅老師製作整套結婚用春仔花／謝宗榮攝

　　新娘在迎親隊伍未到前，先與家中姊妹一同「食姊妹桌」，也是表示婚前最後一次與家中姊妹聚餐話家常，從此要告別姊妹，嫁為人婦，成為另一家的人了。當迎親隊伍一到，女方家屬要燃放鞭炮相迎，男方則帶豬腳、雞、魚、轎斗圓給女方家屬以祭拜祖先。迎親隊伍初到時，新郎暫不出車，由女方家屬派遣新娘的弟弟進紅柑兩個，向新郎作揖，新郎收起紅柑，贈給紅包。新郎還要送來請岳丈大人參加婚宴的十二版帖。之後女方家屬要請新郎，喝蜜茶、四果湯（冬瓜、紅棗、柿餅、蓮子）、豬腰湯、雞蛋湯等，俗稱「吃筍湯」。陪同迎親的親友也喝雞蛋茶，取其甜蜜圓滿之意。

男方親友正在整理準備迎親的新娘車／謝宗榮攝

象徵富有多子

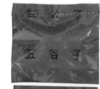

苧

五穀子

棉花

黑炭

新娘陪嫁品象徵富有多子的五穀子、黑炭、苧、棉花／謝宗榮攝

仕女對杯

象徵有好頭路

新娘陪嫁品象徵有好頭路的芋頭與吉利的橘子／謝宗榮攝

芋頭　橘子

象徵連招生子

新娘陪嫁品剪刀、扇子及象徵興旺夫家的小烘爐／謝宗榮攝

象徵早生貴子

新娘陪嫁品象徵早生貴子的
嬰兒衣物 / 謝宗榮攝

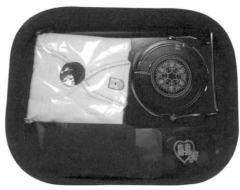

象徵勤於家事

新娘陪嫁品茶盤衣架牙膏 / 謝宗榮攝

蓮
蕉
花

象徵興旺夫家

芋
欉

象徵蓮蓬多子

臺南式紙紮新娘用春仔花取蓮蓬多子之
吉兆 / 謝宗榮攝

新娘陪嫁品蓮蕉花和芋欉取連招生子之吉兆 /
謝宗榮攝

❷ 辭祖

當男方抵達女
方家，將捧花交給
房內的新娘後，請
新娘出房門要上香
拜別神明和祖先，
稱為「辭祖」。新
娘由好命的婦人或
媒人牽引出大廳，
與新郎男左女右合
站在一起，再由女

手持捧花準備迎親的新郎倌 / 謝宗榮攝

方的舅父或長輩點燭祝福新人，再點香由一對新人敬告女方的神明
和祖先，並叩別女方的父母。結婚的上午是在女方家，於女方神明廳
前的神明香位和祖先牌位前。豬、羊、雞、魷魚、皮蛋、麵線、罐頭、
酒、禮餅、喜糖、冬瓜糖、戒指餅（檳榔和冰糖）。

❸ 上轎（上車）

一對新人辭祖後，
便被引導準備離開女方
家，依傳統習俗，女方
要準備一支帶頭尾青的
竹子（即取新鮮竹枝，
頂端連有繁茂竹葉，尾
端連有竹根），前端吊
一塊豬肉，繫在花轎上，
用以餵白虎星煞，免得
危害新娘，這是源自古
代桃花女鬥周公的故事
傳說。這時媒人和新郎
要持「八卦米篩」放在
沒有身孕的新娘頭上，
以繪有紅色八卦、天定
良緣、添丁發財等吉祥
語句的米篩保護新娘，

準備繫在新娘車避白虎煞的帶頭尾青之竹子和豬肉
／謝宗榮攝

為新娘遮去在空中四處危害作
祟的邪煞，共同扶持新娘
上花轎或喜車，現代社
會則多以轎車當喜車，
只有少數舉行古式民
俗婚禮者仍維持坐
花轎。新娘若有身
孕，則不宜以八卦
米篩遮其頭上，因為
怕八卦強大的法力會
傷害懷中胎兒，而改以
黑傘遮去邪祟。

女方準備嫁娶辟邪用的八卦米篩／謝宗榮攝

　　新娘新郎上喜車後，新
娘則從車上擲出一把扇子，
扇端下繫一只紅包，給女方
家屬派出一人撿拾，因「扇」的閩南音接近「性」，有放性地之意，
表示新娘從此出嫁要放下小姐脾氣了。而女方的父母也以一盆水潑
灑在地上，表示「覆水難收」，意有女兒嫁出去了就像已經潑灑出
去的水一樣，難以再收回來了，所以作此項動作也有取希望女兒將
來不會有離婚再回來的不幸婚姻之意。

新娘上轎車後拋下扇子和紅包取放下小姐脾氣之意／謝宗榮攝

❹ 出轎（下車）

　　當男方迎親隊伍將新娘迎娶返回後，昔日以花轎迎娶時，吉時未到會先讓新娘坐在轎內等候，等吉時一到，會先請一男童端兩個橘子來請新娘，取其吉祥如意之意，新娘則賞以紅包。然後新郎多會先以扇子在花轎頂上敲三下，然後腳踢花轎門三下，象徵給新娘一個下馬威，以後對丈夫會較柔順，而今改以轎車迎娶後已不再有此風俗。新娘下轎車時，會被好命的婦人手持八卦米篩或黑傘（用於已懷孕者）為新娘遮頭頂，並導引新娘踩破瓦破穢、過火爐淨身及興旺夫家之意，可謂達到除穢及日後夫家及子孫興旺的吉兆。

媒人以八卦米篩遮頭辟邪迎接新娘下轎車 /
謝宗榮攝

新娘出轎入男方大廳前得先破瓦再過火，有除穢與興旺夫家之意。不過有時候會看見破瓦過火的儀式順序顛倒了，如圖中所見 / 謝宗榮攝

❺ 拜堂

　　之後新娘被引導進入男方家的大廳，與新郎一同合站，並由男方的長輩或母舅主持「拜堂」的儀式，亦即入門敬拜男方的神明和列祖列宗，以及叩拜男方的父母，敬告神明與祖先從此家中添了一位媳婦的喜訊。由於客家人拜堂時多在祖堂上，所以拜堂時會在樑上多繫一對「添丁進財燈」。

　　迎親後的上午在男方家會祭拜神明與祖先，慎重些的也會讓新人去拜祖祠。有牲禮、水果、罐頭、喜糖等供品。

新人拜堂敬拜男方神明與祖先 / 謝宗榮攝

敬拜祖先的韭菜發粿藤圈，取久久長長發達興旺、子孫繁衍
齊心團結之意 / 謝宗榮攝

敬祀神明的一對結婚禮香 / 謝宗榮攝

6 食圓和食酒婚桌

　　一對新人交拜完進入洞房
後，新床上會放著竹篩，桌案
上則放著一面銅鏡以壓邪。新
郎以扇子揭去新娘的頭蓋，雙
雙坐於舖著新郎長褲的椅子
上，俗稱「坐郎褲」，意味金
玉滿庫以及早日得男。這時再
由一位好命的婦人象徵性的餵
新郎和新娘食湯圓（或加紅棗
湯），或是端來湯圓給新人自
己吃，有象徵圓滿甜蜜和早生
貴子的意思，稱為「食圓」。
接著再備十二道六葷六素的酒
婚桌，依然是由好命的婦人象

新婚夫婦坐郎褲，象徵有財又有庫 / 謝宗榮攝

喜幛為男方母舅贈送的母舅聯／謝宗榮攝

結婚喜宴的新娘桌／謝宗榮攝

徵性的餵一對新人吃每一道菜,並誦念吉祥詞句,取其好兆頭。

　　當天晚上則有大型的喜宴,昔日多請廚師在男方家宅附近空地辦桌,近代則盛行到大型的飯店或餐廳舉辦結婚喜宴,宴前則邀請重要的主婚人、證婚人致詞祝賀一對新人。男女雙方同時宴請雙方親友同享喜宴,有些調皮搗蛋的親友等不到夜裡鬧洞房,便會在喜宴場合中,使出各種點子來取鬧這一對新人,讓他們留下難忘的記憶。散席後,在男家大廳內會聚集親友,由新娘一一奉茶,親友則以紅包回贈答禮,稱為「壓茶甌」或「吃茶」。

親友贈送的喜幛和賀聯 / 謝宗榮攝

喜宴中新人與家長向賓客敬酒 / 謝宗榮攝

三 婚後禮

❶ 出廳

　　古代一對新人結婚第三天後，新娘才正式出廳拜見夫家的神明和祖先，稱為「廟見」，同時正式拜見公婆，並向公婆奉茶問安。此日起也象徵性地下廚房煮東西給家人吃，或是進行餵雞等家事。這天女方兄弟會攜帶禮物與結子的紅花來探望初嫁的姊妹，稱為「舅仔探房」或「探花」，新娘取下原來頭上的花，再把兄弟攜來的紅花帶在頭上，稱為「換花」。

新婚後新娘出廳為親友奉茶並開始換稱謂 / 謝宗榮攝

張掛在公廳的一對子孫燈有祈求子孫繁衍之吉兆 / 謝宗榮攝

❷ 歸寧（回門）

　　新婚後數日，新婚夫婦一同返回女方家作客，稱為「歸寧」或「回門」。一對新人攜帶禮品敬拜女方家中的神明和祖先，岳父母準備午宴款待。女婿則需準備紅包贈送女方親友。當要辭歸時，女方要準備糕餅、雛雞兩對或一對（一公一母）及一對甘蔗讓新人攜回男方家，稱為「帶路雞」，而帶路雞是不可吃的，主要為讓雛雞繁衍子孫，也意寓新人將來會像雞一樣繁衍子孫，使家族人丁旺盛。現代已不盛行送真的雞，而是改成裝飾用的帶路雞禮籃（包括一對公雞和母雞、雞蛋數個以及一群小雞）。

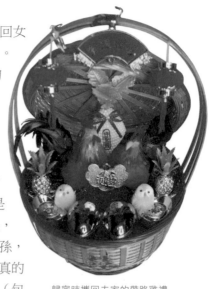

歸寧時攜回夫家的帶路雞禮籃，象徵新人如母雞般繁衍子孫／謝宗榮攝

　　上述為漢民族傳統的婚禮禮俗，近代也有一些新人為符合工商社會的步調，節省時間、金錢，或不喜歡繁瑣的傳統婚俗，常採取公證結婚，或參與機關團體、宗教團體主辦的集團結婚（如佛化婚禮、或統一教派的婚禮），接受重要的政府首長或宗教領袖的證婚祝賀。另有因接受西方宗教如基督教、天主教、回教等信仰影響的，因而放棄漢民族的傳統式婚俗，而接受外來宗教的婚俗禮儀。

百子嬉戲為祈多子多孫的吉祥繡品／謝宗榮攝

傳統婚禮 V.S. 現代婚禮大觀

婚前禮

1 說媒、議婚

昔日傳統社會男女雙方的婚事,多賴媒婆的幫忙介紹,現代新人雖大都為自由戀愛,但在結婚禮儀的形式上,仍有媒人提親議婚的習俗。

媒人婆牽拉兩家的婚事 / 陳美芳攝

左圖:「討生時」即傳統合八字習俗,是利用天干和地支來推算男女雙方生辰命理合不合的方式。圖為「十二律同類娶妻隔八生子」/ 引自《月令廣義》
右圖:十二律相生相應同心一統圖 / 引自《月令廣義》

2 問名、換庚帖

一般傳統家庭,對男女方聯婚有共識後,接著就會進行「問名」、「提字仔」或「討生時」的步驟。不過時下青年男女在交往時,對於星座的話題反而更加關注。

準新郎準備的喜餅等聘禮 / 陳美芳攝

待女方掛上首飾與戒指,小訂便完成了 / 陳美芳攝

3 訂盟、訂婚 (小聘、小訂、大聘、大訂、完聘)

男方準備聘金等禮物到女方家議婚,女方於收受聘禮、聘書後,需以帽子、鞋子及文房用品作為答禮。今日的聘禮已大都簡化。

依禮俗新娘會將新郎的聘禮部分退
回做為回禮，圖為豬肉切半回禮，
意寓女方只吃男方的肉，不啃其骨
／陳美芳攝

經擇日師所批選的結婚吉課／謝宗榮攝

4　送日頭（請期）

迎娶的日期寫於紅紙上及覆日禮（給
女方覆驗迎娶日期的紅包），託媒婆
送到女方家，稱為「送日頭」，又稱
「送日課」。近代為了省事則在訂婚
時一起送日頭。

安床用的發糕與藤圈，象徵子孫
繁衍發達同心團結／謝宗榮攝

新娘房安新床／陳美芳攝

5　安床

男方於結婚前擇一吉日，佈置新娘房添置
新床，稱為「子孫床」，並行「安床典禮」。

結婚前夕謝天公，法師恭讀疏文，
新郎與家屬正在隨拜／謝宗榮攝

6　結婚謝天公

為感謝小孩順利長大，在
結婚的前夕或完聘的前一
天，選定吉時延請道士誦
經讀疏文、並備妥豐盛的
供品，以及加演嘉禮戲（傀
儡戲）或大戲，正式向玉
皇上帝和三界眾神明祝禱，
感謝多年來護佑平安，此
即俗稱「結婚謝天公」，
也稱「謝神」。

現代新人流行紗照留住婚禮紀念與回憶／陳冠良提供

婚紗照

今日的新人都有拍婚紗照的計畫，以留下值得回
憶的新婚身影。

男方至女方家迎親，新娘拜別父母／黃虎旗提供

女方要出房門前，先上香辭祖／謝宗榮攝

1 親迎

昔日親迎之日，男女雙方都張燈結綵，吉時一到，新郎連同親友湊成偶數，率鼓樂、儀仗、彩輿前往女方家迎娶新娘。現代迎娶則少用花轎，普遍改成以新娘禮車迎娶。

2 辭祖

當男方抵達女方家，將捧花交給房內的新娘後，請新娘出房門要上香拜別神明和祖先，稱為「辭祖」。

新娘出房門前先拜別神明和祖先／黃虎旗提供

3 上轎（上車）

新娘上轎車後擲扇／禿鷹攝

依傳統習俗，女方要準備一支帶頭尾青的竹子（即取新鮮竹枝，頂端連有繁茂竹葉，尾端連有竹根），前端吊一塊豬肉，繫在花轎上，用以餵白虎星煞，免得危害新娘，這是源自古代桃花女鬥周公的故事傳說。

新娘新郎上喜車後，新娘則從車上擲出一把扇子，扇端下繫一只紅包，給女方家屬派出一人撿拾，因「扇」的閩南音接近「性」，有放性地之意，表示新娘從此出嫁要放下小姐脾氣了。

4 出轎（下車）

吉時未到會先讓新娘坐在轎內等候，等吉時一到，會先請一男童端兩個橘子來請新娘，取其吉祥如意之意，新娘則賞以紅包。

新娘等候吉時下車／黃虎旗提供

新娘進新郎家門前，先經過破瓦過火的習俗／黃虎旗提供

140

5 拜堂

下轎（下車）之後新娘被引導進入男方家的大廳，與新郎一同合站，並由男方的長輩或母舅主持「拜堂」的儀式。

新人拜堂敬拜男方神明與祖先 / 謝宗榮攝

新婚夫婦坐郎褲，象徵有財庫 / 黃虎旗提供

新人食圓象徵圓滿甜蜜、早生貴子 / 黃虎旗提供

現代婚禮喜酒最後，都有西洋婚禮送捧花的活動。圖中新娘把送捧花轉變為牽紅線的活動 / 林偉鈞攝

6 食圓和食酒婚桌

進入新房的新郎以扇子揭去新娘的頭蓋，雙雙坐於鋪著新郎長褲的椅子上，俗稱「坐郎褲」，意味金玉滿庫以及早日得男。這時再由一位好命的婦人象徵性的餵新郎和新娘食湯圓（或加紅棗湯），或是端來湯圓給新人自己吃，有象徵圓滿甜蜜和早生貴子的意思，稱為「食圓」。

婚後禮

1 出廳

古代一對新人結婚第三天後，新娘才正式出廳拜見夫家的神明和祖先，稱為「廟見」，同時正式拜見公婆，並向公婆奉茶問安。現代人在交往前大都已經見過父母雙方，出廳的習俗已不多見。

新婚後新娘出廳為親友奉茶並開始換稱謂 / 黃虎旗提供

2 歸寧（回門）

新婚後數日，新婚夫婦一同返回女方家作客，稱為「歸寧」或「回門」。

度蜜月

受西方習俗影響，現代人也流行新婚期間度蜜月，讓小倆口在步調快速的工商時代，能夠擁有一小段旅行共處的快樂時光。

四 其他婚俗

❶ 入贅婚（招贅婚）

　　傳統的漢民族社會中，因家中僅生女兒而無男嗣時，或是捨不得女兒離開父母身邊者，為傳承子嗣香火，便會採取入贅婚或稱招贅婚。一般願意入贅的男子，往往是家境較為貧窮的。招贅婚又可分為「招婿」或「招夫」兩類，「招婿」是指自己的女兒或養女已到適婚年齡時，為女兒招一位異姓的男子做為女婿，以傳宗接代，並可奉養長輩；「招夫」是指寡婦或獨生女，因家中欠缺可以當家的男子來照顧公婆和子女，因而舉行招夫的儀式。

　　招贅婚的習俗又可分為「入門進贅」、「招入娶出」、「半招娶」三類，「入門進贅」是指入贅的男子永遠住在女方家，奉養女方的雙親，所生的子女則分別繼承男女兩家的姓氏，以及祭拜兩家的祖先，並可繼承女方的財產。「招入娶出」是指男子雖然名為入贅，並需奉祀女方的祖先牌位，其條件是願意奉祀女家祖先與照顧女方年幼的弟妹到成人，便可將女兒娶出去，並且分一些財產當嫁妝。而「半招娶」是指以較少的聘禮來完聘，並約定幾年內住在女方家（例如照顧女家年幼的弟妹到成人），直到約定期滿即可率妻與子女搬出去住或繼續同住。

❷ 冥婚

　　在漢人傳統習俗中，當年輕未婚的男女死亡後，不可列入家中的祖先牌位，經過數年已達適婚年齡時，已故子女可能透過托夢或讓家人生病，經請示神明，才得知要為他們找一門親事，這便是「冥婚」。若是已故的女子，其父母便準備一個紅包袋，裡面放一些錢，找個適當的路邊放置著，再躲在一旁等待有緣的人來撿拾紅包，並要求對方娶其女兒的神主牌，也會贈送男方一些金錢作為嫁妝。

　　當雙方談妥後，便會擇個黃道吉日，由媒人或加上新郎帶著簡單的聘禮到女方家送定訂婚，並在女方的靈前燒香祝禱告知訂婚的喜事已完成。等到結婚的吉日到時，再由媒人把包著紅布的女方神主牌位放在五升斗中，送入新娘轎或新娘車中，而媒人另坐一部轎或車，帶著嫁妝一起送到男方家舉行結婚儀式。結婚喜宴上，在新郎身旁則擺著一雙空碗筷，留下新娘的空位，象徵一起參與喜宴。神主牌娶

進後，要放在洞房內三天，每天早晚由新郎上香，新房床上也要為新娘留下睡覺的空位。三天過後神主牌才遷到正廳，等到適當時日，才把新娘的名字列入祖先牌位中，正式接受男方香火的祭拜。冥婚所娶的新娘，仍為男子的元配，即大房，若日後男子再娶陽世之人為新娘時，則被視為二房，且第二任的妻子要尊稱前者為大姐。

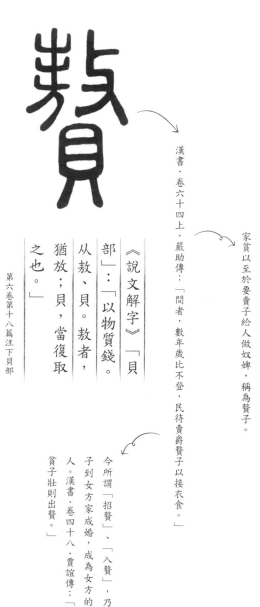

漢書・卷六十四上・嚴助傳：「間者，數年歲比不登，民待賣爵贅子以接衣食。」

家貧以至於要賣子給人做奴婢，稱為贅子。

《說文解字》「貝部」：「以物質錢。从敖、貝。敖者，猶放；貝，當復取之也。」

第六卷第十八篇注下貝部

今所謂「招贅」、「入贅」，乃男子到女方家成婚，成為女方的家人。漢書・卷四十八・賈誼傳：「家貧子壯則出贅。」

壽禮

Rites to Eldership

壽比南山的祝福

　　國人從一出生即屬一歲，作周歲時，則屬二歲，此後可以每年過小型的生日，直到十六歲成人，結婚後始為大人，自此以後才可過誕辰。但傳統習俗上，五十歲以上才可稱壽，以後每隔十年過一次壽禮，稱為「大生日」。六十歲稱「下壽」或「小壽」，七十歲稱「中壽」，七十七歲稱「喜壽」，八十歲稱「上壽」或「大壽」，八十八歲稱「米壽」，九十歲稱「耆壽」，一百歲稱「期頤」。也有的人家上了一定年紀後，如八十歲後，便許願每年熱熱鬧鬧的舉行過壽的儀式。

林衡道教授八秩華誕的盛大場面／李燦郎攝

繡有福祿壽三仙的壽幛／謝宗榮攝

繪有壽星南極仙翁的壽燈／李燦郎攝

一般壽期將至時，多由子孫或親友發動，事先佈置壽堂，作紅龜粿、壽桃餽贈前來祝賀的親友，而壽星的親友則準備壽幛、壽聯、壽燈、壽禮等做為祝賀，壽宴上少不了豬腳麵線，麵線則強調不剪斷，以寓長壽，甚至在壽宴中會特別拉長壽麵，此有為壽星「抽壽」添福壽之意。已出嫁的女兒

加送雞、酒、蛋等禮物，父壽則加送裘、鞋、帽，母壽則送裘、金簪，俗稱為「拜壽」、「敬壽」。壽星家屬並準備壽金和鞭炮，讓壽星敬神明和祖先祝禱庇佑康泰長壽。

親友賀壽的壽聯／李燦郎攝

九秩壽星正在壽宴上致詞／謝宗榮攝

貴賓正為壽星拉長壽麵，有抽壽添壽之意 / 謝宗榮攝

壽星釋守成長老正在切九層的祝壽蛋糕／謝宗榮攝

祝賀須知

　　五十歲又稱為「暖壽」或「半百添壽」，通常岳家必備禮物前來祝賀，賀禮供在廳堂上，再由壽星夫婦點香向神明和祖先稟告祝禱。

　　女兒逢父母親六十歲小壽時，必須為父母準備「壽衣」，供他們百年之後享用，稱為「問壽」。

　　一般男女結婚後，婆家為媳婦或是岳家為女婿過生日，則稱為「探壽」。女婿滿三十歲的生日，需由岳家準備祝賀之禮，稱為「綿壽」，以後每十年為女婿過一次生日，贈送豬腳、麵線、雞鴨蛋等做為賀禮，稱為「脫殼」。

壽宴中的壽桃／謝宗榮攝

　　賀禮中以親家的賀禮特別豐富，禮品一般以六色為準，亦可增加至十二色。有豬腳，取年老益健；大麵，不切斷環繞而成，取長壽之意；雞鴨各一對，取添福添壽；壽幛一楨，內容多為多財多子多壽之意；紅龜，有鶴齡龜壽之意；壽燭一對，上有壽比南山、福如東海的吉祥語句。

　　一般壽誕的忌諱是男怕三、六、九，女怕二、五、八。四十九歲是人生大厄年，最為忌諱，故其壽辰多提前一年，以五十歲稱之。且需連續三年盛大舉行，否則不可輕易舉辦壽誕。

賓客贈送壽星「壽比南山」的賀禮／謝宗榮攝

喪禮

Rites of Death

人生最終的禮儀習俗

　　人自從誕生以後，便會隨著個人經歷而體驗生、老、病死的幾個階段，死亡是生命的終結，任何一個人都逃不過死神的召喚，在傳統宗教方面，不同宗教傳承著不同的說法，如佛教認為得道者進入西方極樂世界，大多數人則是隨著因果業報而落入六道輪迴，所謂「六道」即天人道、阿修羅道、人道、地獄道、餓鬼道與畜生道。而初死者其靈魂則屬「中陰身」狀態，所以在此時期強調家屬不應過度傷悲，而要好好念佛號或誦經，幫助亡者的靈魂可以較平靜祥和的蒙佛菩薩的接引，往生西方極樂世界。

　　至於傳統道教的說法，認為生前若德行修為相當良好者，虔心修道而得道者，則可位列仙班，道教的成仙之道又可分為上品仙（天仙）、中品仙（地仙）、下品仙（屍解仙），至於未得道者則魂飛魄散，化為烏有。原本道教無輪迴之說，後來歷朝受到佛教傳入中國的影響後，則有未得道者隨生前因果業報受地獄閻王審判之說。

　　至於民間信仰者，因受到儒釋道三教的綜合影響，也有受地獄閻王審判，以及輪迴轉世之說。亡魂初死進入陰間地府，作奸犯科之人，會落入陰間受各式果報與刑罰；生存的環境淒苦濕寒，道德修為較良好的則可以進入聖賢院繼續修行，準備再度轉世投胎到較好命的家庭；至於功過普通者在等待轉世投胎前，還可以享受靈界的生活，彷如陽世間有市集、或是從事生意買賣或是專心修行。

　　在傳統的習俗上，自從出生、成年、到結婚都有不同的生命禮儀來協助人通過這種生命過渡儀式，當然面對生命的終結—死亡狀態，也有一套非常嚴謹的禮儀，來協助死者及其家屬與社會，接受亡者已真的離開人世的事實。孔子《論語・為政第二》曰：「生，事之以禮。死，葬之以禮，祭之以禮。」[8]意即父母在世時，做子女

培墓祀后土 / 謝宗榮攝

的要以符合禮節的方式來奉養與服侍父母，當父母過世後，要符合
禮節的精神來舉辦葬禮，死後對於父母的祭祀，也要符合傳統禮節，
這才不失孝道精神。

《禮記・祭統第二十五》（卷八）亦云：「孝子之事親也，有
三道焉，生則養，沒則喪，喪畢則祭；養則觀其順也，喪則觀其哀也，
祭則觀其敬而時也。」[9] 所以孝子奉養父母，有三種方法，父母還在
世時，則盡心奉養，父母逝世了，則舉行喪禮，喪禮結束了，則如
期祭祀；奉養父母時，觀察孝子是否會順從父母之意，喪禮時觀察
孝子是否發自內心的表現哀傷，祭祀父母時，是否具有虔敬之心，
並時時思念父母。

有關喪禮的重要階段，主要可區分為：臨終、發喪、治喪、殯禮、
葬禮、居喪、除喪、撿骨等，各個階段都有十分重要的禮儀習俗。

一 臨終

❶ 拼廳搬舖

　　當死者生命尚在彌留狀態時，家屬便要開始著手準備有關喪禮的一切，首先將神明廳（正廳）打掃乾淨，準備舖放水舖（或稱水床）供病患休息，稱為「拼廳」，因為神明廳是最神聖的地方，在此嚥氣能受到神明與祖先的共同庇佑，因此對臨終的人能產生心理安定的作用。所謂水舖為一張厚木板（約六尺長三尺寬），以兩張長板凳墊高，水舖位置依男左（龍邊）女右（虎邊）擺設，不靠牆，稱為「徙舖」或「搬舖」。臨終病患需要搬舖的原因，是因傳統習俗忌諱讓親人死在外地或床上，傳說他們的靈魂便會滯留在臥房的床架上，或是需事先拆下四角眠床的床架，免得讓亡靈將來「扛眠床枷」，因為傳說「扛枷」有如在陰間受囚刑象徵不得超生的不好徵兆。

喪家神明廳以紅布遮神 / 李秀娥攝

新亡後摔破生前藥壺表示不再需要吃藥了／謝宗榮攝

　　傳統習俗認為搬舖時，若家中尚有長輩，則亡者不能搬入正廳，
而得置於護龍的側室，但現在房屋結構改變，也只好放在正廳，然
需放在小邊的虎邊。倘若未成年而亡，也是不能移入正廳，得將屍
體放在舖有稻草或草席的地上，稱為「下制」。倘若亡者是死在外
頭的話，稱作「冷喪」，屍體也同樣不能搬入正廳，得運回家放在
屋外搭棚，因為民間傳說門神不會讓這樣的亡魂進入屋內。

❷ 遮神

　　到了死者臨終嚥氣時，便要摔破亡者生前習慣使用的飯碗、茶
碗，代表「碗破家圓」，也是從此不再服侍亡者吃飯的意思。若有
習慣服用中藥者，也要將藥罐摔破，意即告知亡者之病已好，從此
不用再服藥了。

　　接著便要取下正廳的三界公燈或天公燈和天公爐或清理天公爐，
並以紅布或紅紙、米篩遮住神明和祖先牌位，以免喪者的不潔淨污
染神聖的神明和祖先，即為「遮神」，直到大殮入棺後再除去。漳
州人一般遮神到入殮，而泉州人則習慣遮神到出殯。

給亡者於陰間通行的小魂轎／謝宗榮攝

❸ 過小轎（燒小轎）

在傳統信仰上，國人相信人死後的靈魂要去陰間報到，而陰間路上千里迢迢，所以在嚥氣後要馬上到門外燒一頂紙作的小型轎子給亡靈使用，稱為「過小轎」（燒小轎），或是「腳尾轎」、「過

過小轎時先供飯菜給兩位轎夫享用／李燦郎攝

南投地區以燒魂轎車取代小魂轎 / 李秀娥攝

山轎」，由於扛小轎要有兩位轎夫，所以也需準備兩份碗筷及飯菜
供轎夫享用，才有力氣上路。現代也有人改燒轎車供給亡靈使用，
而不用小魂轎。

❹ 奉腳尾飯

　　家屬在亡者屍體四周圍上白色布幔，俗稱「吊九條」，現代也有人用蚊帳圍起來。再將亡者身上蓋上「水被」（白布中央縫上紅綢的被單），並以白布包銀紙或石頭為枕，稱為「換枕」，古代多在亡者口中放入一枚龍銀或玉石，稱為「含殮」，現在多放一枚銅錢或是硬幣及金箔，稱為「含錢」。

　　放在廳堂內的亡者，頭得朝向屋內，腳朝向門外，並在其腳邊供上「腳尾飯」，腳尾飯要在露天炊煮，以大碗盛滿飯，飯上放一顆熟鴨蛋，插上一雙筷子，使死者不至於挨餓好上路。並在亡者腳邊放一盞白蠟燭，做為長明燈，或是一盞

仿古代口含的玉蟬／謝宗榮攝

苗栗喪家靈桌前的腳尾火／李燦郎攝

為新亡者奉腳尾飯／李秀娥攝

油燈，照明陰間的路，稱為「腳尾火」。並用碗公裝砂做為香爐，稱為「腳尾爐」，同時燒腳尾紙（大銀小銀、或是往生錢等）讓死者在前往陰間的路上使用。由於腳尾飯上插有筷子，所以平日禁止小孩將筷子插在飯上，以避不祥之兆。

❺ 哭唅與哭路頭

當死者尚未嚥氣時，家屬要盡量控制不可在其面前哭泣，當亡者真的嚥氣後，家屬才可因思念傷心而在靈前哭泣，傳統哭泣時有屬於哭唅的調子，邊哭邊吟唅，以示對亡故親人的思念稱為「哭唅」。而已出嫁的女兒或孫女在接到噩耗後，要盡快換上素衣，回娘家奔喪，在快到家附近時，便要跪在地上一路跪哭著來到亡者的靈前致哀，稱為「哭路頭」。

❻ 驚貓（趕貓）

死者尚未入殮停在正廳時，必須派家屬日夜好好看守，驅趕貓防止牠的靠近，故稱「驚貓」或「趕貓」。傳統習俗忌諱貓跳到屍體身上，以免屍體被嚇而跳起來抱住旁人。傳說貓屬虎性，若不幸遇此意外時，可使屍體抱住扁擔或其他物品，便可回復原狀而不會禍害於人，也因此家屬需要守舖。

❼ 看日與辦理死亡登記

喪事時極重忌諱，所以要特別請擇日師看日子，包括入木（大殮）、轉柩、落葬等皆需選吉日吉時。一般是先看入木時辰，再看墓地，墓地決定後再看出殯的時日。擇日時，需提供死者以及其子的生辰八字供參考，若是妻喪則需提供其夫的八字。若因病去世者，可逕向診病的公私立醫院或診所要求開立死亡證明書，倘若死於意外者，需報請檢察官與法醫相驗才能開立死亡證明書，家屬持有證明書向戶籍所在地之戶政事務所辦理死亡登記後，才可進行入殮。

二　發喪

❶ 報外祖與接外祖

當母親去世時，兒子需攜帶一條半塊的白布，或是一條白布和一條黑（藍）布，到外婆家向外祖父母報告母親的死訊，稱為「報外祖」或「報白」。一般外家會收下白布退回黑布，黑布則留待出殯時，母舅來拜時做為「壓擔」的「轉祖裙」，倘若外家收下黑布，表示斷絕往來。而外祖父母接到女兒的死訊後，要馬上撐著枴杖來弔祭女兒，瞭解狀況，而喪家的外孫要在門口跪迎外祖父母，即稱為「接外祖」。

❷ 發喪（報白）

看完入木（入殮）時辰後，便可報喪了，將親人亡故的訊息對外向親友等發佈消息，稱為「發喪」；印發精美的白色訃聞，寫上親人亡故的事件，文末並列上重要遺族的名字，以示追念，稱為「報喪」，母喪稱「報白」。而親朋好友獲知消息後，會陸續前來喪宅向亡者上香致意，喪事限點兩枝香，昔日親友也會開始敬送輓聯、輓帳、大銀燭、糕仔封（以白紙所包住的白蠟燭、銀紙、糕仔、香條）等，近代則多改為花圈、花籃、禮籃弔喪。

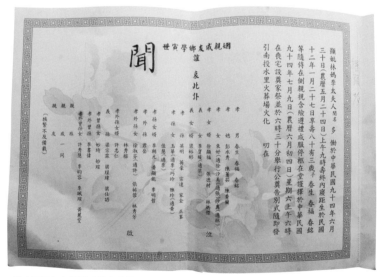

喜喪用粉紅色訃聞／謝宗榮攝

喪家以紅綵或紅紙為鄰居門口掛紅避邪 / 謝宗榮攝

❸ 門外示喪為鄰居掛紅

　　喪家應於大門上張貼告示，以白紙黑字寫著「嚴制」（父死時用）、「慈制」（母死時用）或「喪中」（指晚輩去世長輩尚在者使用）等字樣，告知左鄰右舍家中有喪事。喪家門口紅色春聯上面要斜貼白紙條，以示轉喜為喪。而且需在附近鄰居的門邊貼上紅紙，使其逢凶趨吉，稱為「掛紅」。紅紙則在出殯啟靈後才除去，並由道士洗淨貼上淨符。

父喪用「嚴制」示喪 / 謝宗榮攝

❹ 分孝服

　　喪事時有一套規定如何使用孝服，區分親疏等級的禮俗。古代為不同的親屬亡者以及不同身分者所著喪服與服喪期間都有不同，如古稱「五服」：斬衰（服喪期三年）、齊衰（服喪期分杖期一年、不杖期一年、五月、三月）、大功（服喪期九月）、小功（服喪期五月）、緦麻（服喪期三月）。

未婚長孫著孝服正在燒紙錢／李秀娥攝

　　昔日孝服多是自製的，需採購五服，包括麻、苧、白、藍、黃、紅等布料，麻布為子女、兒媳、長孫等人使用，屬於最重孝；苧布為孫、甥、姪、已婚女兒等人使用，屬於次重孝；白布為與死者同輩或外親，又孫、孫女、孫媳穿白衣，但頭袒加縫一塊小藍布；藍

已嫁女兒孝服穿黃苧衣／李秀娥攝

布為亡者的內曾孫使用；外曾孫輩穿淺黃布；紅布為死者的第五代孫即玄孫使用，含有五代同堂且高壽（滿八十歲）而終的喜喪之意。孝帽則以草繩紮成，孝鞋也是草鞋，女性則穿布鞋。家屬在孝服外，如頭上或臂上，再繫上「孝誌」，孝誌有分麻、苧、毛線（白、綠、黃、紅），稱為「帶孝」，以前帶孝最長有三年，現代多出殯後就「脫孝」，而放在正廳桌上。而外省人一般身著黑素衣，手

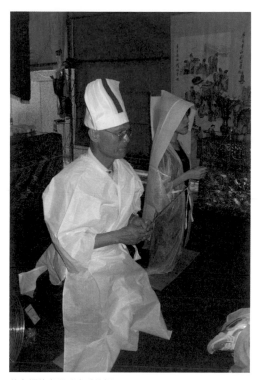

義女婿的孝服／李秀娥攝

臂繫黑布圈，作為「帶孝」。後來進入工商業社會，孝服已較少人自製，現代各地的葬儀社、嫁妝店或特殊的雜貨店，多備有現成的孝服提供喪家，很便利，不用再臨時縫製。

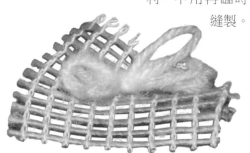

父母喪之孝誌／謝宗榮攝

第五代姪玄孫穿紅色孝服／李秀娥攝

三 治喪

❶ 開魂路

喪家請「烏頭師公」（道士）或僧尼，到死者靈前誦念經文，為亡靈打開由陰間前來附在魂帛上接受超度的平坦大路，稱為「開魂路」。如烏頭道士多誦《度人經》；而佛教多誦《阿彌陀經》、《金剛經》或《藥師經》。

寫有生卒年的紙製魂帛
/ 李秀娥攝

❷ 魂帛（臨時牌位）

以厚紙或白布，寫上死者的姓名、農曆的生卒年月日時，作為「魂帛」暫時替代神主牌位，供於正廳的一角，燃燭燒香，稱為「豎魂帛」。現代魂帛多為紙製的，一般多委由道士或和尚代為製作，中款書寫亡者姓名稱諱，如顯考某公諱某某府君之魂帛，字數需符合「生老病死苦」中落到「老」者為佳，故一般多寫七字或十二字。出殯時魂帛會隨隊上山，或是在墓地火化，或是「返主」（即迎請亡者神主牌返家，請參〈葬禮・返主〉）時，備魂轎接回已經以朱筆「點主」的神主牌（請參〈葬禮・點主〉），安放在靈桌上供奉，等到百日、對年或合爐時才火化。

南部常用的圓形靈頭旛 / 謝宗榮攝

162

❸ 招魂幡（靈頭幡）

招魂幡多請道士代為製作，出殯時由喪主舉著，身穿孝服走在靈前，所以又稱「靈頭幡」，俗稱「幢幡」。長約三、四尺，以白布製成，南部習慣製成圓形，上有七八條白布，男性加上綠色紙條，女性加上黃色紙條，幡上寫有亡者的生卒年月日時，以及姓名稱諱，並繫在一支帶頭尾青的細竹枝上，以枝葉繁茂象徵將來子孫繁衍興盛。有的地區習慣用長方形的平面白布製成招魂幡，用來替亡者引魂領路，使亡者可順利通往仙境、西天或極樂世界，等除靈以後再火化。也有人在作七燒庫錢和紙厝時一起火化。

❹ 喜喪燈（大燈、麻燈）

傳統家庭會在大門懸掛兩盞喜燈（白底紅字，上書該戶字姓），若遇喪事再加掛兩盞喪燈（改以白底藍字，上書該戶字姓）。喪燈由上而下分別圈有「麻、苧、白、藍、紅」等五色布，象徵五代同堂；旁邊再垂下一條「麻垂布」，長度端視亡者傳子孫幾代，若傳五代，則可垂至紅布底下。喜喪燈表示停柩在堂和出殯後懸掛，停柩在堂時懸掛的方式自左而右順序是「喜燈和喪燈，喪燈和喜燈」，表示「喪內喜外」；出殯後懸掛的方式自左而右順序是「喪燈和喜燈，喜燈和喪燈」，表示「喜內喪外」。

台南永康喪燈／謝宗榮攝

華麗的福棺 / 李秀娥攝

家屬穿孝服於路口跪地迎接福棺 / 李秀娥攝

❺ 接板（接棺）

當屍體要準備入殮前，得先準備好棺木，稱為「買壽板」或「買大厝」，本省人所用的棺木大多數是用楠木或檜木所製成，近代受西式文化的影響，也曾盛行玻璃纖維製的棺木。家屬再擇吉日吉時將棺木接回家中，一般是以吹角樂音做為引導，由四名以上的抬棺者（或土公）用小卡車運到喪家，途中若有經過橋或十字路口時，需沿途置留銀紙和紅布一條，稱為「放紙」，銀紙有留下買路錢之意，而紅布則有辟邪之意，以免路上惡鬼邪祟阻撓，棺木運到喪家時，稱為「放板」。棺木運到時，由喪家的子女或媳婦在門外跪接，稱為「接板」或「接棺」。棺木進屋時，得頭先進，以便入殮時頭內腳外。放板前，得先為左鄰右舍的門口貼上紅紙條，作為避邪用。

祭品是米一包、細竹圈（象徵團結）、掃帚（驅邪）、金缸（買水用）。而金銀紙部分是福金拜土地公；小銀拜死者，均由子媳在接板時的門外板邊燒化。接棺後，家人就可在門外行「圍庫錢」的儀式，將隨身庫錢與庫官庫吏燒化，為死者生前向庫官庫吏所借來的庫錢，此時悉數歸還，以及送給亡者在陰間使用的冥幣。民間習俗中，生肖不同，所借用的庫錢多寡也不同，必須依亡者所屬之生肖而將所借用的庫錢悉數歸還庫官。

孝男向河神買水準備為亡者沐浴用／李秀娥攝

❻ 乞水

傳統喪儀中，分孝
服後，所有遺族穿好孝
服，排成一大行列，到
河裡取活流水，先敬獻
兩個錢幣擲筊請示同意
後，才可取水，並燒化
刈金，象徵向河神買水

乞水時準備向河神買水的壽金和兩個銅板／李秀娥攝

為亡者淨身沐浴用，並將兩個錢幣投入水中，稱為「乞水」。而今
因家家戶戶皆有自來水，已罕到外面乞水，而多在庭院中放一桶自
來水，行乞水的儀禮。古俗乞水後還有向鄰居「乞火灰」（乞火伙）
之俗，乞得火灰作為鋪在棺木裡面之需。

❼ 沐浴

乞水後，請一位父母雙全的好命人，以竹子加白布浸到取回來
的水中，做出給亡者洗澡的象徵性動作，並誦念幾句吉祥話，安慰
亡靈，稱為「沐浴」。正式沐浴時，若亡靈為男性，便由其子孫進行，
亡靈為女性時，則由女兒和媳婦進行。並為其剃頭或梳髮、裹腳等，
當時使用的刀和梳子，用完後需折成兩半，一半放入棺木，一半丟
在馬路上。

已婚女性壽衣 / 李秀娥攝　　　　未婚女性壽衣 / 李秀娥攝

❽ 套衫

此即把將要讓亡者所穿的壽衣先給喪主的孝男各試穿一遍後，才能給亡者穿上。昔日得在正廳或中庭舉行，地上放一個米篩，米篩中央再放一把矮椅子，孝男就穿著木屐，戴上斗笠，斗笠上又套著十二個箍，兩端各點一枝紅蠟燭，手拿麻繩站在椅子上，將壽衣一件件的張開雙手於身上象徵性地比畫著試穿，因為是喪事所以壽衣為奇數，一般是穿五件或七件，也有穿到十一件的，男子則穿兩條長褲，女子則穿三件長裙，此即為「套衫」。不穿九件，因為「九」閩音同「狗」，表示不敬。

套衫時頭戴斗笠，腳踏矮凳，有說是古人死時不願因受異族（清人、或日本人）統治而頂其青天，足踏其地之意。如今已無此問題，所以已改去此俗，家人大都在入木時，為其沐浴更衣。

❾ 抽壽

套衫過後，馬上端來熱騰騰的長麵線，並放很多黑砂糖，喪主先吃，接著全體遺族都跟著吃，象徵希望亡者的長壽命也能加在子孫身上，所以又稱「抽壽」。

❿ 張穿（穿裝老衣服）

亡者入殮時，要脫下生前所穿的衣物，而由父母雙全的好命人來為亡者換穿上家屬備妥的壽衣，此即所謂的「張穿」。這些壽衣在傳統習俗上，是在生前由出嫁的女兒於父母六十歲壽誕時所贈送的，稱為「裝老衫仔褲」。昔日如果亡者是女性，便要穿上她結婚時的「白布衫白布裙」，並且戴上帽子與布鞋，不可穿皮鞋。而近代的婚禮女性多習慣穿西式婚紗禮服，已無穿白布衫白布裙之俗，所以壽衣得另備。

四 殯禮

❶ 辭生

　　亡者在被裝入棺木的入殮前，家屬為其準備的最後一次告別餐宴，即為「辭生」，這種告別餐宴比較慎重的人會準備六葷六素的十二道菜（也有人是準備六道菜），家屬也請來一位好命的人，把這十二道菜一一端起來，每端一碗便說一句吉祥話，且作挾菜餵給死者吃的樣子，但有些地方並沒有這種辭生的習俗。傳說屍體入殮時，禁忌遭逢雷鳴，遇雷鳴的話，死者腹肚會腫脹，需以銅鑼蓋在身上，才能鎮壓住。

❷ 放手尾錢

　　在亡者入殮前，先在其袖口內放入一些錢幣或紙幣，昔日是放一百二十文錢，再將這些錢倒入一個五升斗（米斗）中，再將錢分給子孫，象徵將亡者的財富運道分給子孫，此即「放手尾錢」。子孫好好將這些手尾錢保存起來，希望將來會帶來財富的好運道，此即「結手尾錢」。現代則有葬儀社準備的仿古「手尾錢」，圓形錢幣上面寫有「百子千孫」、「添丁發財」字樣，以白布穿過可繫於子孫手腕上。

辭生時餵亡者吃最後一頓豐盛的餐宴／李燦郎

辭生時所準備的飯菜／李秀娥攝

❸ 割鬮

亡者的家屬圍繞在其身邊,並用一根長繩繫在亡者的衣袖上,男性亡者牽左手,女性亡者牽右手,然後全體遺族拉住繩子的另一端,並請道士誦經,道士邊唸經邊以菜刀將每位遺族手中的繩子割斷,然後將每位遺族手中剩下的繩子和銀紙一起火化,象徵亡者與家屬已經完全陰陽兩隔,日後不會來干擾陽世的子孫。

❹ 入殮

將穿好壽衣的亡者的遺體,依照擇日師所選好的時辰抬進棺木中安置好,即為「入殮」(入木)或稱「大殮」。首先得在棺木底舖上草絲,並在草絲上放稻殼灰或是石灰、茶葉等,好吸收屍體滲出的血水,其上再舖一層銀紙和蓮花金,銀紙上舖庫錢,供給亡者在陰間生活使用。並放一塊七星枋的薄板,板上繪有七星及太極,代表北斗七星,有祈請北斗星君為亡者消災祈福之意。其次,再放一把桃枝,可用來驅邪或驅趕陰間路上所遇到的狗或野獸。最後再放一顆石頭、煮熟的雞蛋,以及豆豉,意指亡者得等到石頭會爛、熟雞蛋生出小雞、豆豉發芽時,才可回來見子孫,這主要是告知亡者不能回來干擾陽世子孫。

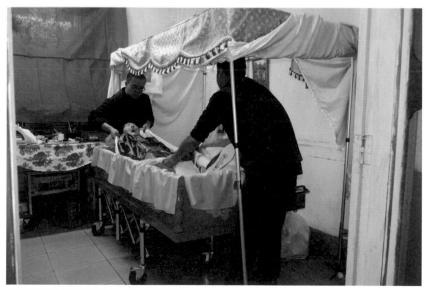

入殮時亡者大體正被移入棺木內 / 李秀娥攝

之後會在其腳邊擺一件「過山褲」，以白布作成，有固定形式，一隻褲管正縫，一隻反縫，是給亡者前往陰間的山路上，若遇惡鬼糾纏時，可脫給惡鬼去穿，讓惡鬼無法好好

放在亡者腳邊的白色過山褲，一正縫一反縫好擺脫其他鬼魂糾纏／李秀娥攝

穿起來，好拖延一些時間讓亡者可脫身之用。並放一只以紅白布縫成，裡面填滿銀紙的枕頭，稱為「雞枕」。最後再把遺體放入棺木中，並把亡者生前的首飾珠寶等放入棺木作為陪葬品。遺體上面再以一條白被單中央縫上一塊紅綢子的水被，覆蓋著遺體。之後，放進由道士所製作的白色「掩身幡」，覆蓋在亡者身上，上面再舖一層銀紙。完成後便請道士為入殮而誦經咒，此即「收烏」，也是「蓋棺」、「封棺」之意。

道教式的靈位／謝宗榮攝

❺ 豎靈（設靈位）

　　是指不將亡者馬上埋葬，而需停棺一陣子時（即殯殮），入殮
後臨時在正廳的一隅所設的亡者靈位，以一張桌子做為靈桌，上面

靈位上安有魂帛魂身和一對僕人／李秀娥攝

靈桌上的古代丫環／李秀娥攝

靈桌上的古代男僕／李秀娥攝

慎終莫忘追遠志　慎　終　追　遠　永言常念孝思情

喪家門楣張貼的對聯／謝宗榮攝

南部喪家門口懸掛的粉紅折紙喪燈／謝宗榮攝

供有魂帛、魂身與桌頭嫺（即紙塑的男女奴僕，立在魂帛的兩側），並供有香爐和油燈各一座，或是點上一對白蠟燭，即為「豎靈」或「設靈位」。

❻ 守靈（睏棺腳）

昔日自遺體入殮後到出殯為止，派遣未婚的子孫於夜間在靈堂前守靈，並睡在舖著稻草的地上，近代則以草席舖在地上，此即「守靈」、「守舖」，或稱「睏棺腳」。用意是注意屍體有無

受到貓狗驚擾、拖拉啃食，或是突然還魂，以便來得及急救等。

❼ 打桶（殯殮停棺）

當亡者過世後，沒有馬上埋葬，而會在家中正廳停靈（停棺）一段時日，好讓子孫表示孝順追念親人，不忍心太快永遠分離的，稱為「打桶」，或「殯殮」。昔日有錢人家可能會停棺較久，也有因為擇日師找不到適合下葬的吉日，只好停棺等待。殯殮停棺期間，大約每一週或每十天，要請造

為亡者在公廳早晚奉孝飯／謝宗榮攝

棺人來檢查一下棺木，是否有漏氣的地方，得以麻繩或麻布塞住，並塗上油漆。

❽ 孝飯

當死者已被裝入舖著庫錢、銀紙及生前用品的棺木封棺的大殮後，翌日清晨家屬就要為死者準備「孝飯」，又稱「捧飯」，亦即對待死者的餐飲與生活作息彷如生前一般，於黎明後供盥洗用具、早餐、香、銀紙；黃昏時再上香供其晚餐。如此直到滿七或百日結束為止，才改為初一、十五晨昏各拜一次，直到對年才不再供膳祭拜；到了合爐後，則依年節祭祀的方式。所敬獻的早晚飯如米飯、雞肉、米粉等，約過了一炷香後，才將銀紙燒化。

五 葬禮

❶ 作陰壽

　　有些孝順的子女，會特別為亡者作一次「陰壽」，使其在陰間仍能夠享受生日的喜悅與祝賀。為了避免重新佈置禮堂，一般會選在奠禮的前一晚，也有的選在奠禮的前一個小時，也有人利用法事時或是逝世後第一次的生辰紀念日。作陰壽的壽禮通常有六或十二樣，相同的供品各兩盤取其雙數，寓有成雙吉利之意。

❷ 出殯（移柩、起柴頭、家奠、公奠、封釘、旋棺、絞棺、發引、壓棺位、路祭）

移柩

出殯當日，依擇好的時辰將棺木抬出院子，稱為「移柩」。

眾人將福棺移柩前往告別式場／謝宗榮攝

起柴頭為親友敬獻給亡者的牲禮／謝宗榮攝

起柴頭

　　親戚尚未上前祭拜前，得在靈前擺上幾張桌子，先由家屬以及親友供上五醴牲祭，包括五牲醴、水果、禮品等為供品，稱為「起柴頭」或「起車頭」，「五醴」是由出嫁的女兒或外孫，分別將婆家送來的「牲禮」，擺在靈桌上後，家屬與外家親戚再依序三跪九叩，此時喪主要跪地回禮。

　　期間則由禮生當司儀代為誦唸祭文。喪事時，忌諱流淚於屍體上，相傳這位流淚之人將會發瘋。

陳榮盛道長福棺已移柩至殯儀館／謝宗榮攝

家奠

　　原本死者未出殯前，曰「奠」不曰「祭」，所以在出殯的當天，佈置好供眾多親友齊聚一堂告別致禮的大靈堂，四周安置各方親朋好友致贈的鮮花、輓聯、果品。

　　這也是由家屬和親戚，最後一次為死者的遺體在家裡上香致禮的道別式，稱為「家奠」，但一般多以「家祭」稱之。

家奠禮孝子奠酒灌茅／謝宗榮攝

家奠禮孝眷跪拜行禮／謝宗榮攝

公奠

　　家奠之後，則為公奠，在出殯的當天，佈置好供眾多親友齊聚一堂告別致禮的大靈堂，四周安置好各方親朋好友致贈的鮮花、輓聯、果品，這也是由死者或家屬的友人機關團體集體上香或鞠躬，最後一次為死者的遺體在家裡致禮的道別式，稱為「公奠」，但一般多以「公祭」稱之。近代有些較有名望及社會地位的人家，則盛行由有名的親友組織治喪委員會，來統籌辦理公奠的儀式。

佈滿鮮花的告別式會場／謝宗榮攝

公奠時親友拈香／李秀娥攝

封釘

　　在出殯當日，當家奠、公奠完畢，會請專業的道士前來誦經，誦完經後，則進行蓋棺「封釘」的儀式，以長鐵鎚象徵性地把四根四角形的釘子釘在棺材蓋上，假如死者為母親，便請外戚來封釘，如果亡者為父親，便請同姓的好命人或同輩來封釘，最後再輕輕釘下「子孫釘」，讓喪主以牙拔出來，並從棺木上削下一塊木頭，一起供在靈桌的香爐裡，等到喪期滿時才能丟棄。封釘的同時必須唸祝福的話，一般由道士代唸，如「一點東方甲乙木，子孫代代居福祿；二點南方丙丁火，子孫代代發家伙；三點西方庚辛金，子孫代代發萬金；四點北方壬癸水，子孫代代大富貴；五點中央戊己土，子孫壽元如彭祖。」或是誦唸「手持金斧欲封釘，金斧舉高高子孫中狀元，金斧拿落低子孫居萬世。一釘團圓，二釘富貴，三釘昌盛，四釘吉慶，五釘滿盈。」

持斧與釘於福棺上象徵封釘／李秀娥攝

旋棺

　　封釘儀式完畢後，再由道士或和尚為前導，在鐃鈸的伴奏聲下，孝男和孝媳等家屬，每人手持一盞紅色小燈籠，稱作「紅燈」；跟在後面繞棺三圈，有為亡者照明陰間路程以及依依不捨之意，而燈亦有「丁」之意，也有出丁興旺之意，此即「旋棺」。

旋棺／謝宗榮攝

壓棺位

　　而當天要正式出發前往安葬的墳地或納骨塔，稱為「出殯」或「出山」。抬棺啟靈後，請有德者將十二粒紅圓（閏年再加一粒）、發粿或是餅乾、水桶、碗筷、石頭十二份，以圓盤放在原來的停棺處，也有的人家以燒盆烘爐，放上蛋糕或發粿，有祈求團圓旺發，亡者將發達的福氣遺留給子孫之意，此即「壓棺位」。

壓棺位／李秀娥攝

路祭

　　當出發的時刻到時，家屬先將銀紙燒化，大家再出發，沿途仍要邊走邊散銀紙，稱為「買路錢」，遇到過橋時，也要置放一些銀紙或紅布在橋上，用以驅邪祈福，通常是由女婿進行此項動作。送葬隊伍遇到路邊有人為死者擺上香案送行時，供品有牲禮、水果、酒、鮮花、蠟燭，燒化銀紙給亡靈，稱為「排路祭」，喪家要上前跪地回禮，並以白布或毛巾答謝。

陳榮盛道長喪禮發引隊伍，由諸多道長送行莊嚴肅穆／謝宗榮攝

絞棺

　　旋棺後，以抬棺用的槓子分別放在棺木的上下左右，再以麻繩緊緊綁起來，此即「絞棺」。並為棺木罩上華麗的棺罩，或是墜滿往生咒所折成的蓮花形蓮花被。

　　孝男則捧著魂斗，以紅色圓形木斗中，置放亡者的魂帛，上插兩炷香、孝杖以及五穀丁錢，並由另一位家屬持黑傘

絞棺／謝宗榮攝

魂斗內安置有魂帛與孝杖／謝宗榮攝

為亡魂遮避陽氣。所謂孝杖又稱哭杖或哀杖。每一位孝男及長孫均有一枝，原則上每著喪服時，即應手持孝杖，至除去喪服時才燒化。父喪時用竹杖，在有節的竹枝上繫五色麻布，表示「父愛有節」；母喪時，以銅杖或苦苓杖，有表示「同心」、「母愛無限」之意。現代人也有母喪取無節竹枝做為孝杖的。代表孝男的孝杖頂端是紅布上綁上麻布，代表長孫的孝杖是紅布上綁上苧布；但有的地方是代表孝男者，自外而內綁上麻、苧、藍、黃、紅五色布，代表長孫者自外而內綁上紅、藍、黃、紅四色布。

發引

接著送葬隊伍要抬棺啟靈前往墓地安葬，稱為「發引」。

發引前貴賓為陳榮盛道長的福棺覆旗／謝宗榮攝

陳榮盛道長喪禮發引，孝眷跪送福棺上靈車前往火葬場／謝宗榮攝

棺木落壙準備安葬／謝宗榮攝

❸ 安葬

　　當送葬隊伍發引將靈柩送達墳地時，置於壙旁，家屬依男左女右的傳統習俗跪地哭別，男性家屬跪在靈左，女性家屬跪在靈右，同時要把亡者的「魂帛」牌位等放在供桌前，等道士唸完經後，開始「放栓」，亦即在棺木某個部位打洞，插入木榫通氣用，以便屍體早日腐化。最後再依地理師所擇下葬的時辰準備放下靈柩、魂帛或銘旌，再掩土封壙，喪主必須以鐵鍬剷下第一剷土埋於棺木上，

稱為「安葬」。也有的是先將靈柩放入已挖好的墓穴內，經地理師以羅庚（中國羅盤）校對好靈柩的風水方位後，再進行放栓的。

繼而立好墓碑，再將魂帛、遺像安放在墓碑前的供桌上。而墓碑上的字數則需合「兩生合一老」，即中款合「生老病死苦」五字，落到「老」者為佳，邊款落到「生」者為佳。早期泉州人習俗是合「興旺死絕」，漳州人合「生老病死苦」，後來連多數客家人也普遍合「生老病死苦」。

銘旌原為表彰亡者所用，古代由朋友致贈書寫亡者官階姓名豎

棺木落壙量方位 / 謝宗榮攝

立於棺木側邊的大旗子，一般百姓則不用，現代則由女婿致贈，一人一支，或數人合贈一支，送葬時由女婿持著，直到墓地安葬時蓋在棺木上一起埋葬。若為火葬，則是返家後焚化。

安葬時供品有鮮花、酒、燭、牲禮、水果；並備有銀紙。棺木要入壙時，凡生肖相剋者，均需迴避以免沖犯。

掩土安葬 / 謝宗榮攝

棺木被孝眷送往火葬場火化／李秀娥攝

火化後骨灰與遺骨正被放入骨灰甕中／李秀娥攝

❹火化

當出殯後，打算以骨灰安葬者，而將靈柩移至火化場，家屬獻牲禮等祭拜後，由子孫點火予以燒化，稱為「火化」，火化後家屬以約定的時間領取骨灰，再依決定的吉日將靈灰安置於納骨塔，或是如前述土葬的安葬方式處理。供品有鮮花、酒、牲禮、水果。並備有銀紙。

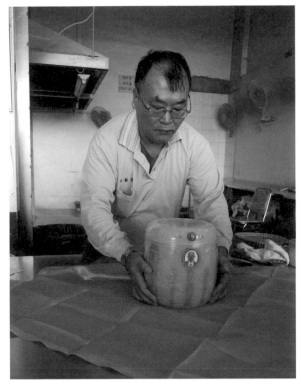

工作人員正在包裹裝好的骨灰甕好被家屬領取／李秀娥

孝子捧亡父之骨灰甕進塔／李秀娥攝

❺ 祀后土、點主

　　當孝墳掩土安葬後，也需在墳地立后土碑，寫上「后土」二字，並準備供品祭祀后土神，且正式稟告后土神（土地公），請其守護庇佑新亡者的墳地與亡靈，稱為「祀后土」。「祀后土」時備蠟燭、鮮花、酒、三牲、水果為供品。

祀后土上香祭拜／謝宗榮攝

祀后土化財／謝宗榮攝

道長行點主之禮／謝宗榮攝

　　古代原本多請舉人、秀才或有身分的人為家屬執行此項點主的
儀式，現代多請道士或地理師代為執行，以硃砂筆寫完後，將筆朝
太陽的方向擲去，一邊擲一邊念吉祥的詞句，而墨筆則留在原地。

孝男背著魂帛，道長行點主禮／謝宗榮攝

當「祀后土」後，
接著便是執行「點主」
的儀式，即子孫為了
求吉祥發達聰穎高
陞，昔日請有身分地
位的賢達者充任「點
主官」，現多由道士
或地理師擔任，用硃
砂筆在捧主者（孝男
和長孫）所背負的神
主之上下左右中點上
朱筆，繼而再以墨筆
於硃點上點上墨點，
並誦念吉祥詞句祈
福，如「請開朱筆昌
昌，日出接三光。指
日高升，科甲連登。
孔子賜吾文昌筆，把
筆對天庭。點天天清，

準備立墓碑以羅庚對準位置／謝宗榮攝

立起墳碑／謝宗榮攝

188

祀墳主上香祭拜／謝宗榮攝

點地地靈；點人人長生，點耳耳聰；點目目明，點主主安；點主子孫昌盛，吾今硃筆插在墳，代代子孫招興旺，進喔！發喔！」此即「點主」的儀式。

接著要進行「呼龍」的儀式，民間俗信地理風水之說，山脈有龍脈，山神為龍神，祭墓之後要有「呼龍」，請龍神多照顧這塊墓土，庇佑子孫興旺。

之後進行祭墓主的儀式，將神主置於墓碑處，並請一人持

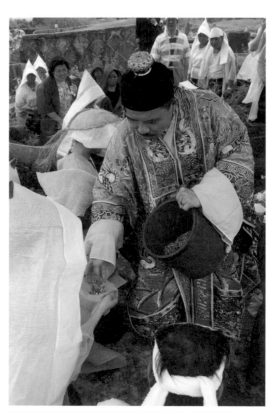

道長在墳地發五穀丁錢有祝願添丁發財之意／謝宗榮攝

傘遮住陽氣，準備五味碗、發粿、飯、酒、銀紙等，由道長舉行祭祀的儀式，子孫與送葬的家屬親友等上香拜墓。

接著進行「分五穀丁錢」的儀式，由道士撒五穀丁錢（如稻子、玉米、豌豆、高粱、黃豆等五種穀子，鐵釘、錢幣，有象徵米糧豐足、添丁發財之意）於墓園，撒五穀丁錢時，道長需誦唸吉祥詞句，如「一送東方甲乙木，代代兒孫受福祿；二送南方丙丁火，房房兒孫有傢伙；三送西方庚辛金，房房兒孫富萬金；四送北方壬癸水，代代兒孫同富貴；五送中央戊己土，代代兒孫壽如彭祖；五穀送五方，凶神惡煞歸本洞；五穀送天天清，送地地靈，送人人長生；五穀送得完，代代兒孫中狀元；五穀收入斗，代代兒孫萬萬口。進喔！進喔！」家屬在一旁同時應合「有喔！」道長會將斗中的五穀丁錢剩一些分給在場的孝男與子孫，最後並帶一塊墳土回去，一同放在有神主、五穀丁錢的紅色斗中，象徵日後五穀豐登、添丁發財，此有「培土」之意。

家屬旋墓有巡山完墳之意／謝宗榮攝

繼而由道長率領家屬捧著神主、魂斗與遺像等繞墓穴三圈，以示依依不捨，亦有提前「巡山」之意。

❻ 返主

當送殯完成，將死者的神主牌位從墳地迎回家中供奉，魂轎內載著捧主者，捧主者一般為長孫，若無長孫時可由姪孫替代，並需拿回裝有墳土和五穀的五升斗，稱為「返主」。返家後，長孫要脫去喪服，換上淺黃色的長袍，因為送葬是辦喪事，但返主則是辦喜事。神主牌位迎回家後，要宴請來幫忙喪事的親友吃酒席，並送炮竹、蠟燭、糕仔、水果、壽金等，以榕枝淨水、淨符為他們洗淨袪除沾染喪事的不祥，亦即驅邪祈福之用。

❼ 安靈

當家屬奉亡者的神主回到家中後，繼而將神主等安置在一張臨時供奉的「靈桌」上，擺上相關供品，請道士誦經，上香點燭舉行「安靈」儀式，稱為「安靈」或「豎靈」，家屬也要燒香祭拜與哭嚎，表示追念之意，同時準備蠟燭、鮮花、酒、五味碗、水果等供品，並敬獻銀紙。靈桌上多燃著油燈，燃油俗稱「莿油」，忌碰觸，相傳碰觸的話身體會有疼痛感。

❽ 巡山

當喪禮結束後的第二、三天或第七天，死者的家屬穿著喪服到墳地察看有無異狀，並且準備供品祭拜后土和亡墳，稱為「巡山」或「巡灰」。拜后土時以牲禮、水果、酒為供品；拜祖先則用牲禮、五味碗、水果、酒。

❾ 完墳

檢視亡者安葬的墳塚與后土神，皆修築好沒有任何不妥後，並敬獻供品、銀紙的祭拜儀式，稱為「完墳」，一般較富裕的人會特別挑選一個吉日舉行正式「完墳」的祭拜儀式；至於經濟較不富裕者，則會在巡山沒有異狀時，順便舉行完墳的儀式。並敬獻牲禮、水果、酒、燭。

頭七時亡者靈位／謝宗榮攝

亡者的魂身魂帛與男女僕人／謝宗榮攝

六 居喪

❶ 作七

死者逝世後，每七天為一次祭拜的重要日期，負責祭拜的身分也不同，俗稱「作七」，共有七個日期，分別是「頭七」，由孤哀子負責準備祭品；「二七」由媳婦負責；「三七」由出嫁的女兒負責；「四七」由姪女們負責；「五七」由出嫁的孫女們負責；「六七」由出嫁的姪孫女或曾孫女負責；「七七」或稱「滿七」由孤哀子負責；但客家人與上述閩南人的習俗略有不同，而以「四七」為女兒七。又因現代為工商業社會，有將七七四十九天改為二十四天的，即頭七、七七各七天外，其他各以每隔兩天為一七的計算方式。

每逢作七的凌晨子時開始作七，到中午才拜菜。一般頭七、三七、五七、七七會較隆重。作七拜菜時先準備一份三牲拜土地公，如豬肉、公雞、魚、酒。拜死者時有五味碗或十二道碗，如米飯、

米粉、春乾（指較小且經曬乾的魷魚，象徵有餘）、韭菜（天長地久）、豆乾（做大官）、芹菜（勤勞）、魚丸、肉丸（中狀元、當議員）、肉片、菜頭（好彩頭）、豬腸（生男孩）、雞翅前膀（易謀生）等；以及其他果品、紅圓、發粿（象徵子孫團圓興旺）、麵頭山（又稱子孫山或女兒山）。麵頭山也有稱為「文頭」的，依孝男、長孫數準備筆架形的文頭，稱為「筆架」；另依女兒數而準備如圓乳狀的女兒山，稱為「文頭山」。

滿七時子女孝敬的文頭山，子和長孫所敬為「筆架」，女兒敬獻為圓乳形「文頭山」／謝宗榮攝

頭七功德謁靈／謝宗榮攝

❷ 作旬

　　作旬為法事的一種，每一旬代表亡魂過地府一殿，作旬時由法師主持祝禱，希望亡魂平安不用受罰。作旬的專用錢包，則是獻給各殿閻王，希望閻王手下留情，審判從輕。

　　一般人作旬只作七旬，各旬之間日數沒有一定；有的隔日就作旬，連作七天。有的七天一次，或是一個月作一次旬，得視法師的吩咐或喪家意見而定。另外，也有些人家總共作十旬。在傳統上，亡魂每過一殿需要七日，所以過完前七殿時，已七七四十九天；而百日之後，才到第八殿；到了一週年的對年，則到第九殿；三年以後，才到第十殿。作十旬者，往往為了省事，一次便做完。

作七與作旬之王官及天數對照表

作七與作旬	各殿閻王與判官	傳統天數	改良後的天數
頭七	第一殿秦廣明王	第七天	第七天
二七	第二殿楚江明王	第十四天	第九天
三七	第三殿宋帝明王	第二十一天	第十一天
四七	第四殿五官明王	第二十八天	第十三天
五七	第五殿閻羅天子	第三十五天	第十五天
六七	第六殿卞城明王	第四十二天	第十七天
滿七	第七殿泰山明王	第四十九天	第二十四天
頭旬	崔氏判官	第五十九天	
二旬	李氏判官	第六十九天	
三旬	韓氏判官	第七十九天	
四旬	楊氏判官	第八十九天	
百日	第八殿平等明王	第九十九天	百日
對年	第九殿都市明王	一週年（小祥）	一週年
三年	第十殿轉輪明王	三年（大祥）	對年後另選一吉日

　　目前民間往往將「作七」和「作旬」混為一談，而只「作七」不「作旬」。一般來說，作七旬的話，「頭旬」由孤哀子辦理，「二旬」由媳婦辦理，「三旬」由已出嫁的女兒來辦理，又稱「女兒旬」，「四旬」由姪女負責辦理，「五旬」由已出嫁的孫女辦理，「六旬」

由已出嫁的姪孫女或曾孫女們辦理，「七旬」又稱「尾旬」，輪到孤哀子來辦理，以示有始有終，功德圓滿。其餘三旬不是非作不可，屬於特例，所以沒有規定。一般而言，奇數旬屬於「大旬」，法事與供品較為盛大，偶數旬則為「小旬」，法事與供品較為簡單。

作旬時如作七一般的供五味碗為供品。燒化專用錢包，以及私錢給亡靈。居喪期間未出殯前，不可過節日，遇祖先忌日也不作旬。出殯後有祖先忌日則如往日祭拜，但過節（如清明、端午、中元、冬至、除夕）祭祖時，必須提前一日中午祭拜新亡者，翌日再祭祖。

第十殿閻王轉輪聖王／李秀娥攝

❸ 作功德

台灣傳統的喪葬禮俗中，多會請道教正一靈寶道派道士（烏頭師公）、正一禪和派道士或釋教法師、誦經團、或是佛教僧尼等主持，民間俗稱「作功德」。因喪家會考慮財力與實際需要，而延請道教道長或道士根據功德表行科演法，可分作最簡單的「靈前繳」（整個下午）、「作午夜」（自午後到當天夜半）、「金書拔度」（即「一朝」自早晨到夜半）、「十迴拔度」（即「一朝宿啟」，為一朝半，午後到翌日夜半）、「九幽拔度」（即二日）、「黃籙齋」（三日至五日）等不同程度的功德，[10] 一般以「靈前繳」、「作午夜」及「一朝」者較多。作功德主要用意是希望藉助神佛慈悲救苦，以其功德力來拔度亡魂，道場並懸掛有十殿閻王圖，此有警世教頑、鼓勵人行善不作惡，才能免受地獄苦刑。

傳統社會多會配合道教的拔度儀，請烏頭師公（靈寶派）主持，俗稱「作功德」。齋壇搭設有三清壇，其左設太乙救苦天尊、其右則設雷聲普化天尊神位，希望藉助神明慈悲救苦，以及其不可思議

的功德力來拔度亡魂。兩旁則是十殿閻王圖，有警惕世人不可作奸犯科，以免死後隨因果業報下地獄受各類刑罰之苦。

　　而私人所修設的超度新亡之道教齋儀，在台灣南部、澎湖等地區特別興盛，齋儀之時間不一，短則半天，長者可達三天之久，有

道教道長行頭七功德／謝宗榮攝

壯觀的三層洋樓靈厝／謝宗榮攝

靈厝入厝儀式釋教法師教嫺好服侍新亡祖先 / 謝宗榮攝

時同一位亡者不只舉辦一場。這類齋儀也隨著時程不同而有其名稱。最短者稱為「靈前繳庫」，俗稱「靈前繳仔」，一般在午後起鼓，晚餐前結束，其科儀有：啟白、度人經、路關、滅罪寶懺、藥懺、過橋、填庫等。其次為「午夜式」，正式名稱為「無上金書拔度齋」，簡稱「金書」，一般在午前起鼓，在當夜深夜結束，其科儀有：啟白、水懺、藥懺、解結退願、開通冥路、頒赦、填庫等。三為「一朝」，正式名稱為「無上九幽拔度齋」，簡稱「九幽」，在第一天夜間子時起鼓、發表，第二天深夜結束，其科儀有：發表、啟白、開通冥路、午敬薦祖、水懺、藥懺、沐浴、解結、頒赦、過橋、填庫等。四為「一朝宿啟」，正式名稱為「無上拾迴拔度齋」，簡稱「拾迴」，在第一天中午起鼓，至第二天深夜結束，其科儀有：發表、啟白慰靈、開通冥路、度人經、滅罪寶懺、藥懺、分燈、宿啟（第一天），早朝道場、祀觀音薦祖、頒赦、解結退願、合符、沐浴給牒、繳庫、過橋、填庫等（第二天）。其次為「二朝」與「三朝」，正式名稱為「無上黃籙拔度齋」，簡稱「黃籙」，二朝黃籙齋在第一天夜間起鼓發表，第三天夜間結束，三朝黃籙齋在第一天夜間起鼓、發表，第四天夜間結束。二朝與三朝齋儀其科儀內容更為繁複，除了一朝宿啟所列者之外，一般還要加上進表、打盆、普度，以及十王懺、九幽懺等，至為隆重，因所費亦不貲，故在近代較為少見。

若以台南縣正一靈寶道派所作的「靈前繳」功德為例，其程序如下：

　　① 請神、② 度人經、③ 路關（無上拔度路關科儀）、④ 太上慈悲滅罪寶懺（水懺、法懺）、女兒懺（母歿時女兒要備糖、米、水，以感謝母親當年生產後以此餵養子女的恩德）、⑤ 藥王寶懺（藥懺）、過橋（經法師作功德，再由金童玉女引領亡魂順利通過金橋、銀橋、奈何橋，往昇仙界）、⑥ 燒庫錢、唱〈十月花胎歌〉。

　　若以高屏地區正一靈寶道派「一朝宿啟」的功德為例，其功德表的程序如下：

第一天

　　① 發表（向三清、玉皇、三界眾神稟報此次為亡者執行朝科法會作功德的本意）、請神（祈請諸天仙聖降臨朝科道場）、慰靈（請神明安慰亡靈）。

陳榮盛道長為喪家作發表功德／謝宗榮攝

祈請藥王神農大帝作藥懺治病的藥方與元辰燈／謝宗榮攝

② 誦經懺（召請亡
魂前來聽經聞懺，
所誦經懺有《三元
寶懺》、《太上靈
寶慈悲滅罪水懺》、
《靈寶藥師寶懺》
（或《藥王寶懺》），
令亡魂能夠開悟懺
悔，使其可經水火
練度而脫離苦海，
早登仙界）。

孝子餵亡靈服藥治病／謝宗榮攝

道長放赦頒赦書／謝宗榮攝

③ 放赦（道
長化身太乙救
苦天尊請赦官
赦馬遞送赦
免亡魂的赦
書）。

④ 打盆（採盆拔度，病故者以打白色紙糊的水盆，由道長執行科儀祈請神明赦罪，若遇女性亡者，並唱〈十月懷胎歌〉或稱〈懷胎經〉，以感念身為人母生育子女的辛勞。家屬圍繞水盆，以解救亡魂脫離地獄；若屬意外死亡者，亡靈會被幽禁在枉死城，則需執行「打城」或稱「打地獄」，以解救亡魂脫離枉死城）。

喪禮普度功德所需紙糊普陀巖／謝宗榮攝

⑤ 分燈（請道教諸神施放光明，讓亡魂及喪家本命元辰光彩，闔家運圖大展）。

⑥ 宿啟（啟請諸天仙聖，消災賜福）。

第二天

① 早朝（朝禮度人三十二天上帝）。

② 午供（準備香、花、茶、飯、珍寶等物敬獻神聖的神祇）。

③ 荐祖（出山回來後，家屬準備豐盛供品超薦祖先）。

獻給女性亡者的紙製首飾盒／李秀娥攝

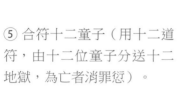

獻給亡者的折紙衣服／李秀娥攝

④ 解結三獻（以疏文稟報解除亡魂與冤親債主及天神邪煞的所有怨懟，並行三獻禮）。

⑤ 合符十二童子（用十二道符，由十二位童子分送十二地獄，為亡者消罪愆）。

彩色的往生蓮花／李秀娥攝

常見的黃色往生蓮花／李秀娥攝

三天龍鳳功德中道士以水果假花扮丑婆逗弄喪家脫離哀傷／謝宗榮

⑥ 三天龍鳳（以紙糊華麗的龍、鳳由道士或家屬持耍相互追逐，象徵一片龍鳳呈祥的吉兆，道士也以水果、鮮花裝飾扮做丑婆，逗弄家屬哈哈大笑，減低面對失去親人的哀傷）。

⑦ 沐浴繳庫錢（在靈堂前以草席圍住，象徵讓亡魂沐浴潔淨，再由家屬將亡者出生時依所屬生肖向庫官所借的庫錢金額之契書一一蓋上手印，交由庫官庫吏點收清楚）。

繳庫牒文／謝宗榮攝

圍庫錢和焚化靈厝／謝宗榮攝

圍庫時所焚化的庫錢
／謝宗榮攝

⑧ 燒庫錢（家屬將庫錢堆疊好，以繩子圍起來，家屬一一牽起繩子，再將庫錢燒化，南部地區也有人會請神明來鎮守燒庫錢的場合，以免別的孤魂野鬼來搶奪庫錢）。

⑨ 下筵過橋（道長以長板凳作橋，橋頭有金童玉女，橋下兩側佈置七星燈火，率領亡魂經望鄉台過奈何橋。接著則由道長、道士兩、三位演出有教孝性的《目連救母》戲，其中〈挑經〉一折最常演出，主要是目連肩挑《太乙救苦真經》，希望救度亡母脫離地獄及餓鬼之苦，或是有道士表演「弄鐃」的特技雜耍，以取悅喪家。

喪禮功德中弄鐃的特技表演取悅喪家／謝宗榮攝

靈厝內供給亡者於陰間打獵的獵槍／李秀娥攝

⑩ 燒化厝（儀式的最後，將紙糊的華麗觀音亭、二十四孝山、靈厝、孝恩堂等找個空地一起燒化）。

　　近代因受工商社會的影響，居住與貨幣的使用已大異昔日，所以添庫燒庫銀時，有些化給亡者相關的冥幣（如公庫錢和私庫錢），以及印有佛法僧三寶印的三寶錢，或是印有冥國銀行或天國銀行發行的冥幣或美鈔、信用卡等，而化給亡者於陰間使用的紙糊紙厝（靈厝），

靈厝內供給亡者於陰間享用的轎車與僕人／李秀娥攝

昔日多為傳統建築屋厝（五開間或七開間，外加雙護龍花園廊牆等），現在有的則要求糊紙師傅改為西式別墅的洋房，加上轎車、庭園等，非常壯觀。陪葬的紙糊器具也因應目前的生活用品而有紙糊的摩托車、汽車、電腦、飛機等。

百日打城的紙糊枉死城／謝宗榮攝

❹ 作百日

　　當人逝世滿一百天時（實際是九十九天），習慣要再祭祀一番，或延請道士、和尚唸經，舉行盛大的供養法會，或僅是家人自行祭祀，稱為「作百日」。並獻上牲禮、五味碗、水果、酒和銀紙。

百日打城的女性魂身／謝宗榮攝

百日打城的豐盛祭品／謝宗榮攝

吳明府法師打城過路關／謝宗榮攝

法師以七星劍打破枉死城救出亡者／謝宗榮攝

❺ 作對年

　　當死者逝世滿一週年時，死者已出嫁的女兒皆要返回家來供奉牲禮祭拜，亦有延請道士、和尚誦經法事的，稱為「作對年」。此日結束後，才算脫去孝服。祭祀中會敬獻牲禮、五味碗、水果、酒和銀紙。

七 除喪

❶ 除靈

一般喪家於「尾旬」、「作百日」或「作對年」時，將臨時「安靈」或「豎靈」時所作的「魂帛」和香爐完全撤除，選一個吉祥的方向將這些東西丟棄，並請道士唸經、上香、燒銀紙，當日死者已出嫁的女兒也要回來祭拜，稱為「除靈」或「推靈」。除靈的翌日，喪家婦女換穿素服，到寺廟行香後，表示袪除喪家的不祥後，才可以回家省親，稱為「行圓」。

田中地區被懸掛在神明廳的男性祖先像／謝宗榮攝

❷ 合爐

當死者的喪期屆滿時，將供奉死者的新牌位火化，或將其香爐灰一部分放進供奉祖先牌位的香爐內，並將亡者的姓名列入祖先牌位內，稱為「合爐」。而未合爐前先以紅色香灰袋裝起來，暫時懸掛在公廳公媽龕上，則稱為「寄爐」。

一般泉州人在合爐時，會視「作對年」是前半年或後半年，多會避開過年期間而選在六月或十月，若「作對年」是在十月或十一月時，才會選在十二月合爐。至於漳州人多在「作三年」和「除靈」時一起進行合爐的儀式。合爐後，便恢復正常作息。

寄放在家族公廳公媽龕的紅色香火袋有寄爐之意／謝宗榮攝

八 撿骨

傳統習俗上，以為屍葬為凶葬，骨葬為吉葬，因為骨葬時裝的是金斗甕。親人以屍葬埋葬數年後，擇吉日重新開墳，撿洗骨骸及撿拾陪葬的首飾，重新於吉日為其安葬，此即「撿骨」或「洗骨」，又因為同時有撿拾陪葬的金飾與首飾等，故又稱「撿金」。一般未滿十六歲即未成年者身亡後，是不撿骨的；三十歲以內亡故的，則在五年後撿骨；四、五十歲亡故的，則在六、七年

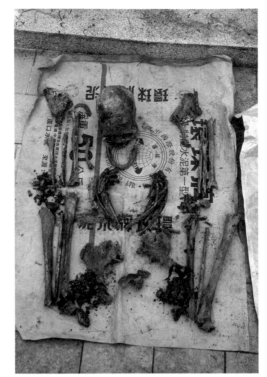

女性祖先撿骨／謝宗榮攝

後撿骨；五十歲以上亡故者則可能在六年、八年、十二年後撿骨。

民眾習慣擇吉日進行為親人撿骨，特別聘請撿骨師來處理，需先買一只二尺二寸高的金斗甕，內置木炭七斤，絲棉一塊，小紅布袋四只、紅布、紅絲線、新毛筆、紅銀硃，亡者如為女性，加買春仔花與烏巾。燒香祭告亡魂之後，即開墳掘棺，此時女兒要撐黑傘遮天，撿骨時先從手部開始，表示牽亡者起身之意，若有陪葬品，尤其是金飾首飾等，也要順便撿起來。

然後由頭骨往下撿拾，並依序擺放在地上，再以毛刷、竹蔑來刮刷骨骸上的泥垢，用布一一擦拭乾淨，經曝曬一段時間乾燥後，再將手掌、腳掌之細骨分別裝在四只紅布袋內。手肘和腳脛的兩支骨頭則以紅絲線縛住，大腿骨要用毛筆沾紅銀硃劃上血脈、肋骨用紅絲線綁住，脊椎骨則以柳枝或大貢香貫串，頭骨口中有牙者要一一拔除，否則會有「呷子孫」之說，上下顎再用紅絲線綁住，整個頭骨包以蠶絲或白棉布，並用紅筆開眼，女性加包烏巾，並插上春仔花。

撿骨師正將已用硃砂筆通好血路的女性骨骸依序放入金斗甕中／謝宗榮攝

接著將骨骸大致按照身體的順序裝入金斗甕內，但得先由身體的下半身先放，如腿骨或腳掌先放，再放上半身，最後放入頭骨。意思即採蹲坐的屈肢式，先放上下腿骨或腳掌，盤坐後，再放入上半身、雙手及手掌，雙手置於膝上，再放頭骨。其間則以木炭支架來固定骨骸，也有發揮乾燥去濕的效果。

裝入金斗甕後，再擇吉日安葬，有的因為風水問題而原地安葬，有的則改以夫妻合葬，或是遷入家族式的墓穴

撿骨安葬後家屬上香祭拜／謝宗榮攝

安葬，這時便得按照左昭右穆的制度排順序。若不能立刻入葬而暫厝野外山洞或大樹下時，則稱為「寄巖仔」。吉葬墓多建為圓形，其興建過程有破土、立碑、進金、完墳謝土等步驟。重新安葬時，主家需備五牲、菜飯、紅龜、發粿等隆重祭祀后土及墓主，祭祀完畢再將祭品中的蛋剝殼灑在墳背上，隆重者則請地理師「呼龍」、「撒五穀籽」。此後於清明時再「培墓」兩年，亦即屬新墳，要備較豐盛的祭品敬拜，到了第三年起以簡單供品「掃墓」即可。

撿骨時若因墓地太潮濕或太乾燥，致使屍骨未化，成為「蔭屍」，習俗上則被視為不祥，對子孫不利，會令子孫身體不適或事業不順。通常會在屍體灑石灰粉水，趁石膏未滲透到骨頭時，趕快來剝除石膏塊，可以較順利的沾黏屍塊，便於撿骨。也有的在屍身上灑水，弄些樹葉、或高麗菜等有機植物覆蓋在屍體上，有幫助腐蝕屍肉，再掩埋回去，等到一年後再重新開墳撿骨。

撿骨安葬後家屬在墳背上剝撒蛋殼，有希望亡者早日脫殼重生之意 / 謝宗榮攝

本章註解
Chapter Notes

1 綜合參考李秀娥，2003，《臺灣傳統生命禮儀》，頁 63-66；李燦郎，2003，〈栽花換斗儀式〉手寫稿；李秀娥，2006，《臺灣的生命禮俗—漢人篇》，遠足文化出版社，頁 19-21。

2 亲音 gin7，意即趕快，亲吃要吐真坐掛，意指孕婦肚子容易餓，但東西吃太快了，又因害喜而想要吐，很難過。

3 好物任食卻亲肥，意指孕婦遇到好吃的食物，任意吃，卻吃得很快就變得太肥胖了。

4 無食腹肚也亲空，意指孕婦因懷孕大量消耗體力與養分，沒有吃東西的話，肚子很容易就空空的，感覺飢餓了。

5 要食海頂雙糕餒軟，意指孕婦有時候喜愛吃口感軟軟的糕點。

6 楊志剛，2000，《中國禮儀制度研究》，上海：華東師範大學出版社，頁 375。

7 參考陳瑞隆，1998，《台灣嫁娶禮俗》，台南：世峰出版社，頁 28。

8 謝冰瑩、李鍌、劉正浩、邱燮友編譯，1976，《新譯四書讀本》，台北：三民書局，頁 61。

9 元代陳澔撰，楊家駱主編，1990，朱子小學及四書五經讀本《禮記集説》，台北：世界書局，頁 266。

10 李燦郎，2003，〈台灣人身後的救贖方式—道教式拔度功德法事〉手寫稿。

結語

禮儀文化的深層意涵
The Deep Meaning of Etiquette Cultur

傳統禮儀影響深遠

　　國人長久以來一直以禮儀之邦自稱，自周公制禮作樂，定下君臣百姓間各項人倫禮儀之制，歷代帝王莫不重視禮樂制度的修訂，並以道德教化當作行為儀軌的準則，因此定人倫、明禮義，上自帝王公侯，下至黎民百姓，皆被籠罩在一片濃厚的道德教化氛圍中。

　　在周代即已盛行「五禮」的禮儀制度，如《周禮・春官・大宗伯》中所謂的「吉禮」、「嘉禮」、「賓禮」、「軍禮」和「凶禮」等五禮，但是直到西晉時期才按照五禮來撰述禮儀制度。其中「吉禮」與祭祀天地、日月、星辰、山川、風雨、雷電有關，「嘉禮」則與婚禮、冠禮有關，「凶禮」則與喪禮的規制有關，所以五禮中至少有三項與傳統漢人的生命禮儀有非常悠遠綿密的淵源。

　　歷代國家禮典反映了不同朝代國家權威性的頒布禮制，也成為君臣與百姓間得以遵循的禮教規範與行為準則。古代中國擁有重要的官修禮典，而民間文人也陸續編修禮書，特別是宋代以後，所以民間禮教也越加普遍與強化。雖經時代更迭，近代又深受西方文化與宗教信仰的強大衝擊，但中國傳統禮儀的習俗，仍根深蒂固的保存在堅守傳統禮俗生活文化的群眾中，流傳至今，雖已邁向二十一世紀，台灣漢人的傳統禮儀仍然維繫不墜。

生命的過關儀式

　　「禮儀」是一種事神致福的儀軌與信仰習俗，也是人們誠篤向鬼神祝禱，以期獲得鬼神特別賜福的宗教性祈願之行為。所祝禱之祈願，可分為世俗性的願望和神聖性的願望，前者如祈求神靈特別賜予添丁發財、財源廣進、事業興隆、身體康泰、闔家平安等，此

乃一般尋常百姓所普遍祈許的願望；後者則祈願獲得人生修行境界的提昇，以及獲取生命的智慧，此乃行於人生正道者所祈許的神聖性願望。所以台灣漢人傳統的禮儀，兼具滿足民眾世俗性與神聖性的祈願。

在人類各民族的文化現象中，普遍重視社會成員幾項重要的生命歷程，如誕生、成年、結婚、生育、及至死亡等各個階段。人類個體從出生到死亡，在每個不同生命階段當中，其社會身分和地位的轉換，在通過重要的生命關卡時，皆需透過文化傳統所認同許可的信仰儀式之舉行，來幫助當事者及其相關的親友、社會成員等的接納與瞭解，所以上述的生命階段皆可視為不同的通過儀式之階段。

這就是法籍荷裔人類學者 Arnold van Gennep 所說的「通過禮儀」，說明了儀式的三個基本階段：隔離、轉移及重合，意即凡是某個社會成員，隨著其生命狀態、年齡的變化，達到不同成長階段或成長關卡，在尚未跨到另一個階段前，要與原先的社會地位與情境暫時隔離開來，並且處於一種模糊的中介狀態；等到經過相關儀式的操作後，便進入生命階段轉移的狀態；直到儀式完成後，才宣告其順利通過此生命階段，正式進入另一個新的階段，並擁有新的社會身分與地位。

為了區隔前一個生命階段或關卡的結束，並迎接下一個生命階段或關卡的來臨，在不同社會文化的習俗信仰傳承下，就會產生各式各樣的生命禮儀。台灣傳承自閩、粵習俗，已有兩、三百年的歷史，在族群融合的發展過程中，又因應不同的自然與人文環境，逐漸形成了部分延續閩粵傳統與部分具台灣本地特色的「生命禮儀」，這些生命禮儀，如：出生禮、成年禮、婚禮、壽禮、喪禮等，構成了台灣漢民族豐富的生命習俗與禮儀內涵。

例如：迎接出生的喜悅，闔家團聚，外家也送來祝賀的

參與林安泰古厝抓周活動的父女檔，小女孩手中還拿著剛抓到的筆／李秀娥攝

新衣物與金飾，孩子的父母則備彌月油飯、紅蛋贈與親友，一同分享新生命誕生的喜悅之情，而親友也回贈祝賀的禮物或米，維繫著注重人情味與禮尚往來的禮俗傳統；父母也會在孩子出生後，敬備麻油雞酒與油飯等供品，向家中神明與祖先敬告此項喜訊，並擇期到廟中向註生娘娘或臨水夫人等神明答謝護佑順利生產；孩子平安無災順利成長至十六歲，也會準備行成年禮，結壇敬備豐盛供品答謝天公與七娘媽等的庇佑，展現出人們長期仰賴慈悲神靈作為心靈慰藉與支柱的信仰行為，也是人們表達對眾多超自然神靈和祖先神默默護佑的感恩之心。

　　像這樣具有濃厚人情味，以及注重禮尚往來的「報謝」文化，感謝天地神靈與祖先庇佑的虔敬之心，在其他的生命禮儀如婚禮、壽禮與喪禮中，亦可發現。如婚禮中準備訂婚喜餅贈送親友，女方宴請親友參加訂婚喜宴或男女雙方宴請親友的結婚喜宴，而參與的親友也備賀禮或紅包祝賀新人，皆是維繫親友間良好互動的人際關係之橋樑。而為了五十歲以上的長輩所舉行的壽宴，廣邀親友相聚慶賀壽年，也是如此，具體彰顯出為人子女奉養父母的孝道精神。

這些禮儀同樣傳衍著家庭倫理中父慈子孝、兄友弟恭的人倫禮儀，強調維繫家族或社會呈現團結祥和的人際關係。而在喪禮中所展現的哀思之情，穿著不縫邊的孝服，對亡故的親人早晚奉飯，睏棺腳守靈，安靈後的祭拜，及至每年祖先忌日、清明的培墓或掃墓、年節祭拜祖先等儀禮，更是展現國人重視孝道精神與慎終追遠的文化意涵。

結壇敬備供品答謝三界公／李秀娥攝

信仰的影響力

國人對天地神靈的信仰，具有萬物有靈論的泛靈思想，可說是多神信仰與崇拜的民族，加上歷來受到儒、釋、道三教的影響非常深遠，所以一般在崇奉對象中，也涵蓋有儒、釋、道三教的神明，如對儒教的孔子、關聖帝君，佛教的釋迦牟尼佛、阿彌陀佛、觀音菩薩，道教的三清道祖、玉皇上帝（天公）、三官大帝等。在喪禮中，有信眾傾向舉行佛教的助念與經懺，也有傾向行道教的朝科作為功德。一般民眾也多聽聞過道教所謂人身有三魂七魄、具太極陰陽五行、以及精氣神的說法，也知佛教所謂的因果業報、六道輪迴與地獄思想，還有儒家或儒教長久以來所強調的祖先崇拜之孝道思想，所以道教、佛教與儒教的影響力，各自深入台灣民間漢人傳統社會中，相互揉雜在民眾的信仰生活與傳統生命禮儀裡。

而在舉行各項生命禮儀的過程裡，也同時體現各種繽紛多彩的傳統鄉土民俗器物，如紙糊的天公座、七娘媽亭、華麗的靈厝、金銀紙印版藝術、傳統龜粿或糕點製作的模具、平安紮牌或紮錢的鑄造、傳統保命長生的金銀鎖片之鑄造，還有充滿民俗刺繡趣味與美感的兒童鷗鶇帽、虎帽、虎鞋等的製作，因此台灣漢人傳統生命禮儀的傳衍，也為傳統民俗技藝的維繫與嬗遞，展露出一線生機。

雖然台灣社會長期處在現代化西式教育之風氣下，多數的年輕人對傳統的生命禮儀文化已顯得陌生，甚至有自視理性科學者，不免譏諷傳統禮儀為繁文縟節、八股、不合時宜、迷信之流等。然而，倘若我們肯細心體會其中的真諦，當可發現在傳統的生命禮儀中，莫不具有對承載養育我們的大自然的感恩之心，包括對天地、日月、星辰、山川、湖泊、動植物，以及生育我們的父母、祖先等，將我們的所祈所願歸之於超自然界眾多的天地神靈的慈悲護佑，並且也在傳統信仰的禮儀文化薰陶中，扮演著承繼傳統生命禮儀命脈的延續者。

其實，身為擁有悠遠禮樂教化傳統的國人，在努力向西方世界汲取文化的優點時，也不應遺忘自己傳統文化中優良的餘緒。我們應當嘗試理解傳統漢人生命禮儀中的文化意涵與脈絡，並且讓有助於人倫規範與道德教化的禮儀文化在潛移默化中，薪火相傳，綿延不墜。

參考書目
Bibliography

王禮（清）主修，陳文達（清）編纂
　　《臺灣縣志》，中央研究院漢籍電子文獻：清代康熙 59 年（1720）刊行，臺灣方志一〇三。
王國瑤主修，吳瀛濤、王詩琅原修
　　1976《台北市志 · 卷四社會志 · 風俗篇》，台北：台北市文獻委員會。
王福麗編著（清 · 呂振羽原著）
　　1994《家禮大成》，台南：世一文化事業股份有限公司。
片岡巖原著、陳金田譯
　　1994[1921]《臺灣風俗誌》，台北：眾文圖書公司。
毛一波
　　1960《台北縣志 · 卷七民俗志》，台北：台北縣文獻委員會。台北市北投區公所 · 台北市
　　　　北投區改善民俗實踐會編印
　　1993《殯葬禮俗資料彙編》，台北：台北市北投區公所、台北市北投區改善民俗實踐會編印。
阮昌銳
　　1989《中國婚姻習俗之研究》，台北：臺灣省立博物館。
　　1990《中國民間宗教之研究》，台北：臺灣省立博物館。
阮昌銳、辛意雲
　　1992《中國人的生命禮俗》，台北：十竹書屋。
吳瀛濤
　　1994[1970]《臺灣民俗》，台北：眾文圖書公司。
李亦園
　　1992《文化圖像（上、下）》，台北：允晨文化公司。
李叔還
　　1992[1979]《道教大辭典》，台北：巨流圖書公司。
李秀娥
　　1999《祀天祭地─現代祭拜禮俗》，台北：博揚文化有限公司。
　　2002〈生命禮儀與鄉土藝術〉，郭博州編著：《臺灣鄉土藝術導賞教學手冊》，台北：國立
　　　　臺灣藝術教育館，頁 38-90。
　　2003《臺灣傳統生命禮儀》（初版），台中：晨星出版。
　　2006《台灣的生命禮俗─漢人篇》（台灣地理百科 79），台北：遠足文化出版。
李豐楙、謝宗榮、李秀娥
　　1998《藝文資源調查作業參考手冊─信仰節俗類》，台北：文建會。
李燦郎
　　2003〈台灣人身後的救贖方式─道教式拔度功德法事〉手寫稿。
呂宗力、欒保群
　　1991《中國民間諸神（上、下）》，台北：台灣學生書局。
芮逸夫
　　1989《雲五社會科學大辭典─第十冊人類學》，台北：臺灣商務印書館。
林明峪
　　1995《台灣民間禁忌》，台北：聯亞出版社。

216

林承緯
　　2014《就是要幸福：台灣的吉祥文化》。台北：五南圖書公司。
洪進鋒
　　1990《臺灣民俗之旅》，台北：武陵出版社。
洪敏麟主講、洪英聖編著
　　1992《台灣風俗探源》，台中：台灣省政府新聞處。
高拱乾（清）
　　《臺灣府志》，中央研究院漢籍電子文獻：清代臺灣方志六五，乾隆 35 年（1696）刊行。
許慎（東漢）著，段玉裁（清）注
　　1984《圈點段注說文解字》，台北：南嶽出版社。
涂順從
　　1991《南瀛生命禮俗誌》，台南：台南縣文化局。
姚漢秋
　　1999《台灣喪葬古今談》，台北：臺原出版社。
徐福全
　　1989《台灣民間傳統孝服制度研究》，台北：文史哲出版社。
　　1995[1990]《臺灣民間祭祀禮儀》，新竹：臺灣省新竹社會教育館印行。
　　2008《台灣民間傳統喪葬儀節研究》，台北：徐福全出版。
徐福全、林育名
　　2012《增訂家禮大成》，台北：徐福全出版。
馬昌儀
　　1999《中國靈魂信仰》，台北：雲龍出版社。
唐炘炘等
　　《台灣的生命禮俗》，台北：秋雨文化有限公司。
陳澔（元代）撰，楊家駱主編
　　1990　朱子小學及四書五經讀本《禮記集說》，台北：世界書局。
陳茂泰
　　1987《新竹市志 · 卷二住民志（下）禮俗（稿）》，新竹：新竹市政府。
陳瑞隆編著
　　1997《台灣喪葬禮俗源由》，台南：世峰出版社。
　　1998《台灣嫁娶禮俗》，台南：世峰出版社。
張懿仁
　　1996《金銀紙藝術》，苗栗：苗栗縣政府編印。
國分直一著、邱夢蕾譯
　　1998《臺灣的歷史與民俗》，台北：武陵出版社。
鈴木清一郎原著、高賢治、馮作民編譯
　　1984[1934]《臺灣舊慣習俗信仰》，台北：眾文圖書公司。
黃文博
　　2000《台灣人的生死學》，台北：常民文化事業股份有限公司。
楊士賢
　　2008《慎終追遠—圖說臺灣喪禮》，台北：博揚文化有限公司。
楊志剛
　　2000《中國禮儀制度研究》，上海：華東師範大學出版社。
楊炯山編著
　　1993《最新婚喪喜慶禮儀大全》，新竹：台灣竹林印書局。
　　1995[1990]　《婚喪禮儀手冊》，新竹：臺灣省新竹社會教育館印行。
鍾福山主編
　　1995《禮儀民俗論述專輯（第五輯）—婚禮禮儀篇》，台北：內政部出版。
謝冰瑩、李鍌、劉正浩、邱燮友編譯
　　1976《新譯四書讀本》，台北：三民書局。
謝宗榮
　　2008《台灣道教的齋醮科儀》，收錄於劉仲容、吳永猛等著：《台灣本土宗教信仰》之第三章，
　　台北：國立空中大學。
謝宗榮、李秀娥、陳茂泰合撰
　　2006　《續修臺北縣志 · 住民志 · 第四卷禮俗》，總編撰張勝彥，臺北：臺北縣文化局。

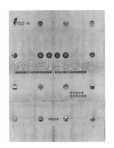

國家圖書館出版品預行編目資料

圖解台灣傳統生命禮儀 / 李秀娥著 . -- 再版 . -- 臺中市 :
晨星 , 2020.08
　　面 ；　公分 . --（圖解台灣 ; 6）
ISBN 978-986-5529-42-0(平裝)

1. 生命禮儀 2. 禮俗 3. 臺灣

530.933　　　　　　　　　　　　109011089

圖解台灣　06
圖解台灣傳統生命禮儀

作者	李 秀 娥
攝影	謝 宗 榮 、 李 秀 娥 、 李 燦 郎
主編	徐 惠 雅
執行主編	胡 文 青
美術設計	銳 點 設 計
封面設計	高 一 民
繪圖	王 顧 明

創辦人	陳銘民
發行所	晨星出版有限公司
	台中市 407 工業區 30 路 1 號
	TEL：04-23595820　FAX：04-23550581
	行政院新聞局局版台業字第 2500 號
法律顧問	陳思成律師
初版	西元 2015 年 04 月 10 日
二版	西元 2020 年 11 月 26 日

總經銷	知己圖書股份有限公司
	台北市 106 辛亥路一段 30 號 9 樓
	TEL：02-23672044 / 23672047　FAX：02-23635741
	台中市 407 工業 30 路 1 號 1 樓
	TEL：04-23595819　FAX：04-23595493
	E-mail：service@morningstar.com.tw
	網路書店 http://www.morningstar.com.tw

郵政劃撥	15060393（知己圖書股份有限公司）
讀者專線	02-23672044
印刷	上好印刷股份有限公司

定價 450 元
ISBN 978-986-5529-42-0
Published by Morning Star Publishing Inc.
Printed in Taiwan

圖解台灣
TAIWAN

圖解台灣
TAIWAN